행복은 현재에 살아가는 삶과 관련되어 있다.
그래서 산티아고 순례길을 걸을 때 "산티아고 데 콤포스텔라"라는
목적지에 닿아야 행복해지는 것이 아니라
한걸음 한걸음 걷는 과정에서 행복을 느껴야 한다.

– 조대현 –

직접 순례길을 걸으면서 어떤 정보가 필요할지 생각하고 다른 순례자들과 이야기를 나누기도 했다. 그래서 이 책에는 산티아고 순례길에서 직접 사용할 수 있도록 반드시 필요한 정보만을 담았다. 또한 매일 자신이 느낀 경험을 담을 수 있도록 다이어리 부분도 추가되었다. 산티아고 순례길에 대한 더욱 자세한 정보는 산티아고 순례길 가이드북을 참고하기를 바란다.

최근에는 지도를 구글 지도로 사용하는 순례자가 대부분이라서 산티아고 순례길 가이드북의 지도는 단순하게 필요한 부분만 보여주도록 제작 되었다.

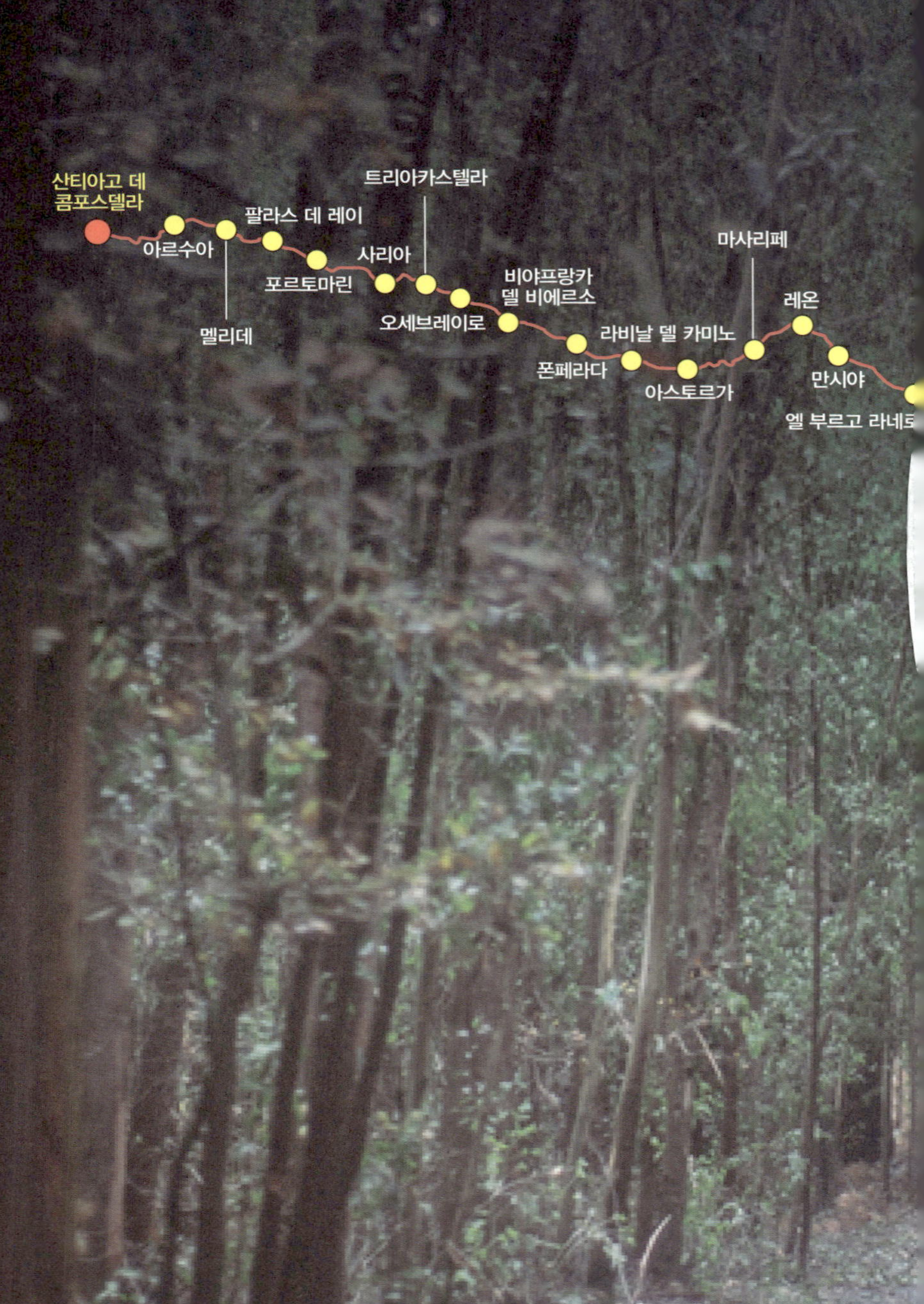

산티아고 데 콤포스델라
아르수아
멜리데
팔라스 데 레이
포르토마린
트리아카스텔라
사리아
오세브레이로
비야프랑카 델 비에르소
폰페라다
라비날 델 카미노
아스토르가
마사리페
레온
만시야
엘 부르고 라네로

생장피드포트
론세스바예스
수비리
팜플로나
에스테야
푸엔테 라 레이나
로스아르코스
산토 도밍고
데 라 칼사다
로그로뇨
나헤라
벨로라도
부르고스
산 후안 데 오르테가
온타나스
카리온 데
로스 콘데스
보아디야 델 카미노
요스

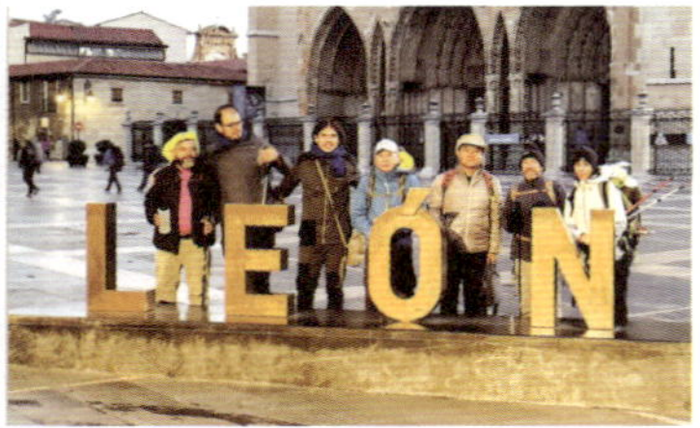

Contents

>> 산티아고 순례길을 위한 Teaching   20~49

》 드디어 떠나는 산티아고 순례길   50~256

11일차 | 벨로라도 ➡ 아헤스

12일차 | 아헤스 ➡ 부르고스

13일차 | 부르고스 ➡ 오르니요스

14일차 | 론오르니요스 ➡ 카스트로해리스

15일차 | 카스트로해리스 ➡ 프로미스타

16일차 | 프로미스타 ➡ 카리온 데 로스 콘데스

17일차 | 카리온 데 로스 콘데스 ➡ 테라디요스 데 로스 템플라리오스

18일차 | 테라디요스 데 로스 템플라리오스 ➡ 베르시아노스 델 레알 카미노

19일차 | 베르시아노스 델 레알 카미노 ➡ 만시야 데 라스 물라스

20일차 | 만시야 데 라스 물라스 ➡ 레온

21일차 | 레온 ➡ 비야르 데 마사리페

스페인어   252~255

Intro

산티아고 순례길에서 배운 나

저자는 이 길에서 누구나 인생이 끝날 때까지 살아간다면 성공한 인생이라고 판단하게 되었다. 산티아고 순례길은 경쟁을 하면서 걸어가는 길이 아니다. 가끔 남들보다 더 빨리 걸었다고 자랑을 하는 순례자도 있다. 그는 걷기만 했지 누구와 대화를 나누면서 인생을 배우려고 했는지 의문이다.

빨리 걷든 느리게 걷든 개인마다 체력이 다르고 걷고 있는 날씨의 상황도 다르다. 우리는 산티아고 데 콤포스텔라에 도착하면 된다. 도착만 하면 누구나 순례자 완주증을 받는다. 완주증에는 어떤 내용도 적혀 있지 않다. 적을 필요가 없기 때문이다. 완주증을 받으면서 받는 희열과 감동이 산티아고 순례길의 매력이다. 전 세계에서 온 순례자와 함께 교감을 나누면서 지내고 서로 도와주면서 받는 감동은 말

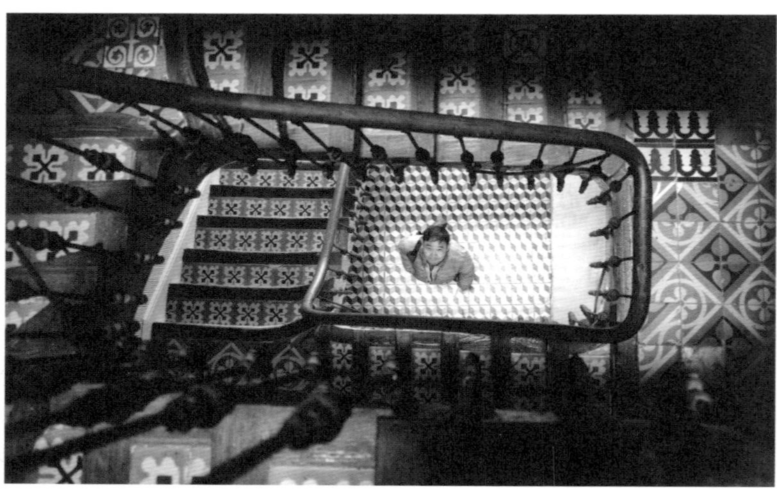

로는 표현할 수 없다. 어디에서도 쉽게 받을 수 있는 곳이 없게 된 지금의 세상에서 순례길의 감동을 받아가길 바란다.

인생도 마찬가지일 것이다. 어떤 이는 성공을 하고 어떤 이는 실패를 하지만 누가 행복한 인생을 살지는 모른다. 실패를 했지만 행복한 인생을 살았던 이가 더 좋을 수도 있다. 신이 인간에게 생명을 주었다면 누구나 죽을 때까지 살아가기만 한다면 신이 인간에게 준 책임을 다한 것이니 '성공'한 인생이다. 성공만을 위해 다른 사람들을 제치고 살아가는 것에 희열을 느낀다면 인생의 후반기에 누구에게 보복을 당할 수도 있고 불행이 찾아올 수도 있으므로 인생은 누구나 모르는 상황에서 살아간다.

특히 2021년 2년 만에 개방된 산티아고 순례길에서 나는 전 세계의 사람들과 만나고 이야기하면서 힘든 산티아고 순례길에서 매일 행복하게 걸었고 그들에게 배웠다. 그들은 완전히 나를 바꾸어 놓았다. 사진작가인 파울로 카르도네[Paolo Cardone]가 시작하여 르네[Rene]가 나아게 감동을 주었고 노엘리아[Noelia]가 마지막을 장식했다. 그 외에도 알프레도[Alfredo], 하비에르[Javier], 앙헬[Angel], 엠마누엘[Emmanuel], 프란체스코[Francesco]는 평생 내가 잊을 수 없는 이름일 것이다.

자신의 인생을 공정하게 살아가고 정직하게 살아가면서 세상을 도울 수 있다면 도우면서 행복하게 살아야 하지 않을까?

스페인 북부, 산티아고 순례길 사계절

유럽의 서쪽에 있는 이베리아 반도에 위치한 스페인은 지브롤터 해협을 사이에 두고 아프리카와 마주하고 있고, 피레네 산맥이 남북으로 가로막아 자연스럽게 프랑스와 국경을 형성하고 있다.

유럽에서 3번째로 땅덩이가 큰 스페인은 그에 걸맞게 다양한 기후가 나타난다. 대서양과 맞닿아 있는 서북 지방은 일 년 내내 습한 해양성 기후이고, 동남부 해안지대는 여름에는 덥고 건조하며 겨울에는 따뜻하고 비가 오는 지중해성 기후이다. 또 중부 내륙은 스텝 기후 지역으로 비가 적게 내린다. 이베리아 반도의 80%이상을 차지하는 스페인은 국토의 대부분이 해발 1,000m 안팎의 고원지대로 이루어져 있다.

산티아고 순례길을 걷는 대부분의 지역은 스페인 북부 지대로 더운 여름과 추운 겨울이 있는 날씨로 건조한 스페인과 다르다는 점을 빼고 대한민국의 사계절과 비슷할 수 있다. 스페인 북부도 봄과 가을에 일교차가 커지고 겨울에는 눈도 많이 오기 때문에 산티아고 순례길을 걷는 동안 날씨에 대한 대비도 해야 한다.

■ 산티아고 데 콤포스텔라 지역 강수량&기온

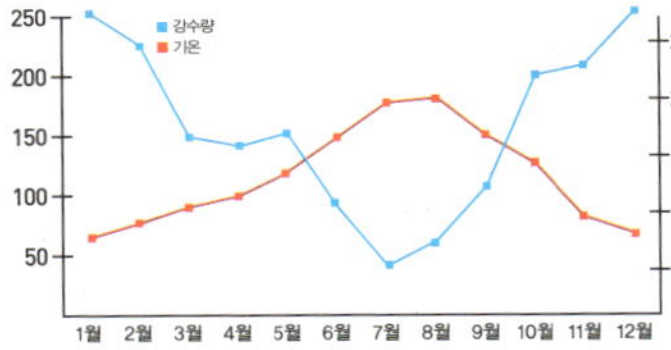

■ 팜플로나 – 나바라 지역 강수량&기온

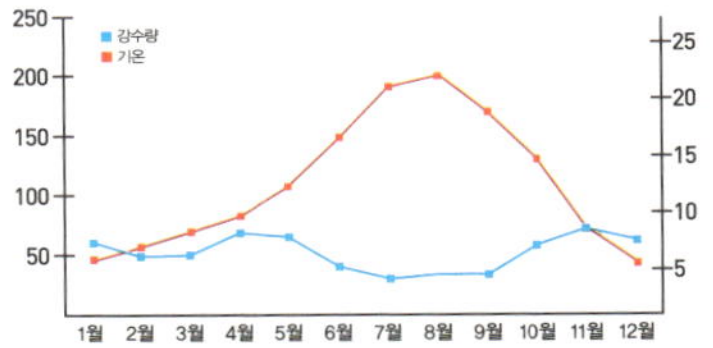

■ 부르고스 지역 강수량&기온

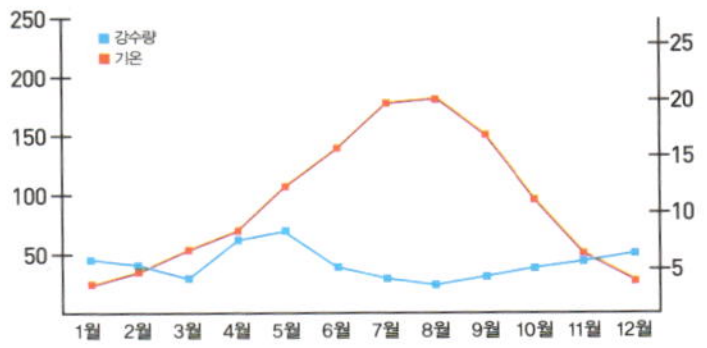

Tip

스페인 전체 날씨

남부는 반도와 섬이 많아 해안선이 복잡하고 북부는 고원으로 형성되어 있다. 스페인은 대체로 여름에는 덥고 건조하며, 겨울에는 비교적 따뜻하고 비가 자주 내리는 지중해성 기후가 나타난다. 하지만 땅이 넓어 지역에 따라 다양한 기후가 나타나고 있다. 지중해 연안인 스페인의 남동부는 일 년 내내 따뜻하지만 마드리드 위쪽의 중부지방은 더운 여름과 추운 겨울의 기온 차이가 크다.

봄 | 4월 중순~5월 말

4월에는 스페인 북부는 건조한 날씨가 시작되지만 피레네 산맥과 갈리시아 지방
에는 비가 많이 내린다. 출발하기 전에 날씨를 확인하고 순례길을 걸어야 비가 오
는 날 체온유지를 할 수 있다.

여름 | 6~9월 중순

휴가를 맞은 전 세계의 순례자들이 가장 많이 순례를 시작하는 계절이다. 하지만 날씨가 너무 덥고 뜨거워 12시 이후에는 걷기가 힘들다. 열사병이나 일사병에 대한 대비를 하면서 걷고, 수분 섭취를 적절하게 하여 체온이 급격하게 상승하는 것을 막아야 한다.

 Tip

많은 전 세계의 순례자들이 몰리기 때문에 알베르게에서 숙박하는 것이 쉽지 않다. 예약을 할 수 없고 선착순으로 알베르게에 머물 수 있어서 많은 순례자들은 7시 전부터 출발하는 순례자들도 상당히 많아진다.

가을 | 9월 말~11월 중순

산티아고 순례길을 가장 걷기 좋은 계절이라고 말한다. 라 리오하 지방은 와인을 위한 포도를 수확하고, 메세타 지역은 농작물을 수확한다. 온도도 25도를 유지하고 건조한 날씨가 상당기간 지속되므로 걷기가 수월하다. 하지만 갈리시아 지방으로 다가갈수록 점점 비가 오는 날씨는 많아진다.

겨울 | 11월 말~다음해 4월 초

피레네 산맥에는 겨울에 눈이 상당히 많이 오는 데, 녹지 않고 얼어있는 구간이 많아서 걷기가 힘들다. 이후에는 평지가 계속 되므로 걸을 수는 있지만 눈이 오거나 비가 오는 날씨가 순례자들을 힘들게 만든다. 그러나 도시 레온 이후(오 세브로이로 제외)에는 영상의 날씨가 대부분이어서 짧은 300㎞이내에는 걷는 것이 나쁘지 않다. 갈리시아 지방에는 눈보다는 비가 오는 날이 많으므로 우비를 준비하고 체온 유지에 신경을 쓴다면 걸을 수 있다.

적은 숫자의 순례자들이 오기 때문에 서로간의 끈끈한 정으로 걸어가는 경우가 많아서 추억은 더 많아지는 계절이다. 침낭과 방수 보온 등산 의류를 준비하면 도움이 된다.

왜 산티아고 순례길을 걷는가?

성 야보고이 잠들어 있는 가톨릭 3대 성지 산티아고 데 콤포스텔라

스페인의 북서부인 갈리시아 지방에 있는 도시 산티아고 데 콤포스텔라Santiago de Compostela는 예루살렘, 로마 바티칸과 함께 가톨릭 3대 성지애 속한다. 예수를 따르는 12명의 제자 가운데 한명인 성 야보고는 포교활동을 한 뒤에 예루살렘에 돌아가는 길에서 순교하였다. 제자들은 그의 유해를 배에 싣고 스페인으로 옮겨 매장했지만 이슬람교도가 스페인을 침입하여 기독교를 박해하면서 성 보고보의 무덤이 어디에 있는지 알 수가 없었다.

양치기에 의해 순례길이 만들어지고 잊혀졌다.

9세기 초, 한 양치기가 별에 인도되어 성 야보고의 무덤을 발견하고 그 자리에 조그만 성당을 지었다. 후에 성 야보고의 무덤이 산티아고에서 발견되었다는 소문이 유럽전역에 퍼지면서 많은 순례자들이 산티아고를 방문하게 되었다. 11세기에 많은 순례자들에 의해 순례길이 정비되면서 성당과 수도원에는 숙소들이 들어섰다. 그러다가 중세가 지나면서 산티아고 순례길은 잊혀져갔다.

프랑코정권이 찾아내다.

이 잊혀진 순례길은 스페인의 독재자 프랑코장군이 정치적인 이유로 정권을 합리화하는 과정에서 찾아내면서 대중에게 알려지기 시작했다. 프랑코장군이 죽고 정권이 붕괴되었지만 산티아고 순례길은 오히려 더 활성화되었다.

현재에도 꾸준히 걷는 순례길

스페인은 가톨릭 국가이다. 그런 스페인도 설문에 의하면 가톨릭 신자가 20%에도 못 미친다는 설문 결과가 나오기도 했다. 하지만 아이러니하게도 산티아고 순례길을 찾는 순례자들의 숫자는 기하급수적으로 늘었고 가장 많이 걷던 때는 50만 명이 순례길을 찾았다. 매해 약 40만 명 정도의 전 세계인들이 순례길을 걷기 위해 찾고 있다.

지금도 많은 순례자들이 방문하는 이유는 뭘까?
종교적인 경험을 얻고자하는 이유가 전부일까?

단순한 그 이유만으로는 설명할 수 없다.

나는 왜 걷는가?

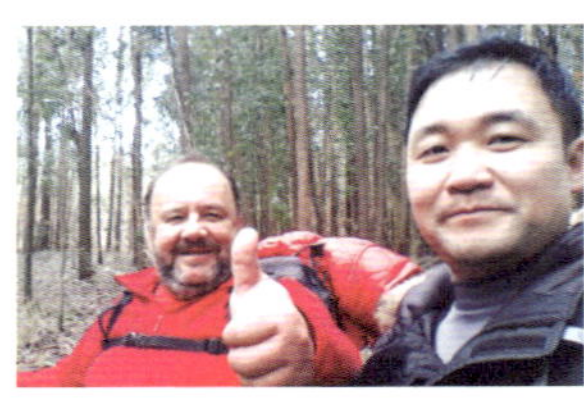

현재의 산티아고는 관광지이자 순례지로 유명하다. 순례길은 상업화의 영향을 덜 받는다. 오랜 시간 잠들어 있던 산티아고 순례길은 지금이 시작일 뿐이다. 나는 가톨릭 신자가 아니지만 순례길에서 걸을 때마다 긍정적인 기운을 받아 감동한다. 특히 코로나 바이러스로 2020년에 닫혔던 산티아고 순례길이 2021년 다시 열리면서 정말로 걷고 싶었던 순례자들이 2021년 여름 이후부터 걷고 있고 그들은 서로 순례자가 되어 코로나 바이러스로 인한 아픔을 서로 치료하고 도움을 받으면서 걷고 있다.

성 야보고의 영혼이 살아 숨 쉬면서 순례길을 걷는 순례자들에 한명, 한명에게 인생의 새롭고 긍정적인 미래를 만들 수 있는 힘을 전해주고 있다. 이 길을 걸은 후에 당신의 미래는 과거에 경험한 인생과 다르게 될 것이다.

산티아고 순례길의 덤은 옛 순례자들의 발자취를 더듬어 가면서 스페인의 또 다른 매력에 빠지게 된다는 점이다.

18

순례자의 시간

산티아고 순례길에서 나는 순례자의 시간으로 들어간다. 여행자에서 순례자로 바뀐 나, 중세의 다리가 보이고 이제는 단순한 길에서 순례의 시간이 시작되었다. 명망 높은 신자들이 걸었고 파울로 코엘

로는 이곳에서 새로운 인기작가로 거듭난 산티아고 순례길, 이 길은 나에게 인생을 바꾼 대 변혁이었다.

산티아고 순례길은 어떤 이에게는 삶의 터전인 곳일 것이다. 이곳에서 사람들은 순례자로 옷을 갈아입고 각자의 인생에서 힘든 순간을, 즐거웠던 시간을, 서로 대화를 나누면서 자신을 찾는 기회를 얻는다. 이 기회는 자신들이 선택했다. 그러므로 기회를 잡아야 한다. 머뭇거린다면 기회는 없어지고 단순히 걸어간 길이 되어버릴 것이다. 나 또한 그랬다. 6번의 산티아고 순례길을 걸었지만 단순히 좋은 길 정도로만 느껴졌다. 사업을 실패하고 걸었을 때에 힘들게 걷고 난 후 나에게 오는 꿀 같은 잠이 보약이 된 정도기 나에게 그나마 축복이었다.

7번째의 산티아고 순례길에서 나는 행운의 '7'이란 숫자가 나에게 행운이 다가올지 궁금했다. 산티아고 순례길은 2020년 코로나 바이러스가 전 세계로 확산하면서 닫혔다가 2021년 백신의 보급으로 다시 열렸다. 각국에서 백신을 맞고 떠나온 순례자들이 정말 간절한 마음을 가지고 이곳에 모였다.

다들 처음에는 몰랐을 것이다. 그런데 하루를 걷고 이야기하고, 점차 마음을 열고 대화를 나눈다. 점점 서로에게 빠져 대화를 나누면서 이 길이 걸어가는 길이 아닌 순례길로 바뀌고 있었다. 그렇게 걸었던 순례길은 우리의 순례길로 바뀌어 추억을 공유하고 각자의 기억으로 남아 지금도 서로 그때를 이야기한다.

산티아고로 가는 길에서 산티아고 순례길로 바뀌어 느낀 감동을 나는 마드리드로 돌아오는 기차에서 알 수 있었다. 그들을 생각하면서 나는 눈물을 흘렸다. 더 같이 있지 못하는 시간이 안타깝다.

산티아고 순례길을 위한
Teaching

 # 산티아고 순례길 준비 밑그림 그리기

먼저 산티아고 순례길을 준비하는 밑그림을 그려보자. 산티아고 순례길에 대해 알고 있는 것을 적고나서 준비를 어떻게 할지 생각해보자. 밑의 표는 산티아고 순례길 준비에 대한 생각의 밑그림을 그리도록 정리한 것이다.

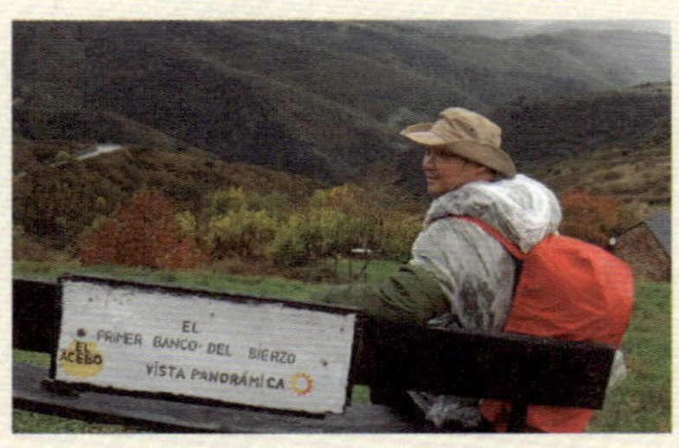

일단 갈 수 있는 일정을 정하자. 처음 산티아고 순례길을 떠나려면 복잡하기만 하고 머리만 아플 수 있다. 욕심을 버리고 준비하는 게 좋다. 산티아고 순례여행은 가는 것도 중요하지만 같이 가는 여행의 일원과 같이 순례길에서 평생 잊지 못할 깨달음과 추억을 만드는 것이 여행의 포인트이다.

다음을 보고 전체적인 여행의 밑그림을 그려보자.

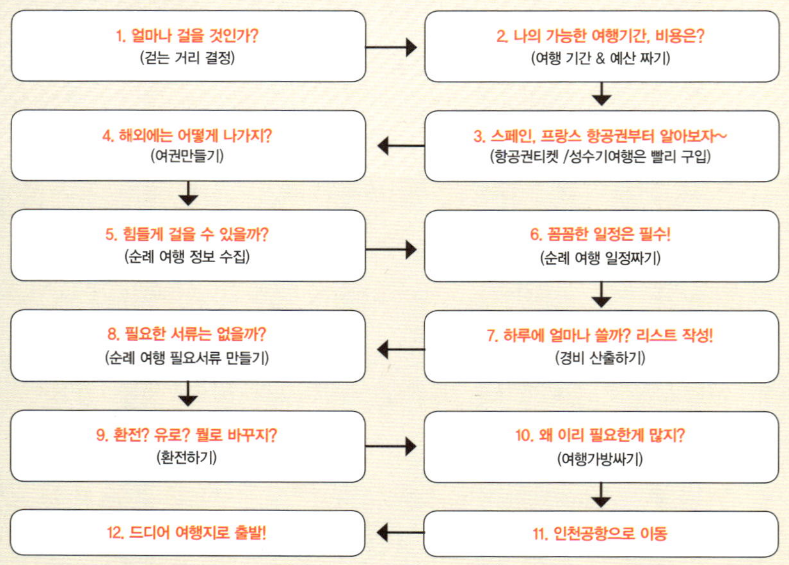

 산티아고 순례길에서 프랑스 길을 걷는 다고 하는데, 프랑스 길은 어디인가요?

산티아고 순례길에서 걸어가는 최종 목적지는 산티아고 데 콤포스텔라^{Santigo de Compostela}이다. 예수의 12제자 중 한 명인 야보고(산티아고)의 무덤이 있다고 알려져 있다. 야보고의 무덤이 있는 곳으로 향하는 길(카미노) 중에 프랑스 길이 있는 것이다.

프랑스 길 외에도 포르투갈 길, 은의 길, 북부 길, 마드리드 길, 레반테 길 등 많다. 그 중에서 순례자가 되기 위해 가장 많이 찾는 길은 프랑스 길이다. 현재 프랑스 길이 가장 정비가 잘 되어 있고 숙소체계도 안전하게 운영되고 있다.

프랑스 길은 프랑스의 생장피드포트^{St. Jean Pied-de-Port} 에서 갈리시아 지방의 산티아고 데 콤포스텔라 ^{Santigo de Compostela}까지 약 800km를 걷는다.

스페인 북부의 17개의 자치주 중에서 4개의 자치주인 나바라, 라 리오하, 카스티야 이 레온, 갈리시아를 걸어간다.

 # 1년 중에서 언제 가장 걷기가 좋을까요?

스페인 북부는 대한민국과 날씨가 비슷하다. 스페인 남부는 따뜻하여 겨울에도 반팔을 입고 다닐 수 있지만 스페인 북부는 겨울에 눈도 오고 춥다. 반대로 여름에는 매우 덥다. 그러므로 대한민국의 날씨를 생각하면 쉽게 연상이 된다.

5~6월의 봄, 9~10월의 가을이 걷기가 좋은 계절이라고 판단할 수 있다. 그런데 더운 여름에 가장 순례자들이 많이 찾는다. 그 이유는 휴가기간과 겹치기 때문이다. 겨울에는 비와 눈이 오기 때문에 걷기가 힘들지만 순례자가 적기 때문에 서로 이야기를 많이 나누면서 친구가 될 가능성이 높기도 하다.

 약 800km를 걷는 데, 얼마나 시간이 걸릴까요?

산티아고 순례길의 프랑스 길은 약 800㎞로 하루에 25㎞를 걷는다면 약 32일 정도 소요된다. 그런데 개인마다 체력이 차이가 나고, 발에 물집이 잡히면 걷기가 힘들어진다. 또한 날씨가 비나 눈이 와서 걷는 거리가 짧아지면 더 오랜 기간이 소요된다.

순례길을 걸으면서 만나는 도시들이 아름다워 더 보고 싶다면 추가로 시간이 필요하다. 그러므로 개인이 걸을 수 있는 기간과 체력을 고려하여 산티아고 순례길을 걷는 기간을 결정해야 한다. 무작정 남들이 만들어놓은 계획으로 걷는다면 문제가 발생할 수 있다.

 산티아고 순례길을 걸으면서 길을 잃어버리거나 위험할까요?

산티아고 순례길은 평지부터 오르막길, 차량 도로 옆, 숲길 등 여러 가지 형태의 길을 걷게 된다. 그런데 걸을 때 혼동되는 구간은 노란색 화살표나 인도에 마크를 표시하여 길을 잃을 가능성을 덜어주고 있다. 그래서 길을 걷다보면 나무나 집의 담장, 전신주, 도로 바닥 등에 노란색 화살표가 표시되어 있고 각 지방의 도시들은 큰 도시에 카미노 표지판을 설치해 놓았다.

오랜 시간 동안 많은 순례자들이 걷고 문제점이 있다면 개선을 해 놓았기 때문에 걱정을 할 필요가 없다. 로그로뇨, 부르고스와 레온 같은 대도시들은 노란색 화살표를 칠하기 힘들기 때문에 바닥에 조개모양으로 표시해 놓은 경우가 많다. 가끔 대도시에는 공사로 인해 순례길 표시를 찾는 것이 힘들 수도 있다.

 # 무엇을 준비해야 할까요?

우리가 등산을 갈 때, 무엇을 준비할지 생각하면 쉽게 답이 나온다. 계절에 따라 입는 옷이 달라질 수 있지만 대부분의 준비물은 비슷하다. 너무 심각하게 고민할 필요는 없다. 순례길을 걷는 방식은 사람마다 다르기 때문에 준비물 또한 사람마다 다를 수 있다. 밑의 준비물은 최소한의 준비물에 대해 설명해 보았다.

1. 등산화

걸을 때 가장 중요한 준비물이 등산화이다. 구입하는 기준은 무게가 중요하다. 등산화의 무게가 무겁다면 반드시 발에 무리가 오게 된다. 여름에는 운동화를 신고 걷는 순례자들도 있지만 겨울에는 특히 산티아고 순례길인 갈리시아 지방에는 비가 자주 오기 때문에 방수가 되는 등산화를 신고 걸어야 한다. 여름에도 통풍이 되는 등산화가 좋다. 가끔 중등산화냐 경등산화냐를 질문하지만 무겁지만 않다면 상관없다.

2. 배낭

배낭은 45ℓ를 가장 많이 사용한다. 그런데 여기에 침낭을 비롯해 물품을 준비하면 무겁다는 사실을 알게 된다. 배낭이 무거우면 걷는 순례자 자신만 고생을 한다. 미리 구입을 하고 자신에게 맞는지 직접 매고 확인을 하고 산에 직접 짊어 매고 걸어보는 것이 좋다.

 Tip

저자는 겨울이 아니라면 23ℓ 배낭을 선호한다. 최소한의 짐만 들고 걷는 것이다. 무릎에 무리가 간다고 등산용 스틱을 가지고 가려고 하지 말고 배낭의 짐을 줄이는 것이 무릎에 무리가 가지 않게 만드는 방법이다.

3. 등산용 스틱(지팡이)

예전에는 지팡이를 많이 가지고 걸었지만 요즈음은 등산용 스틱의 사용빈도가 많이 늘었다. 스틱을 사용하면 편하지만 식사를 하다가 아침에 일찍 출발하다가 알베르게나 레스토랑에 두고 오는 경우가 많다. 저자는 배낭의 무게를 줄이는 데, 신경을 쓰지 등산용 스틱을 가지고 가려고 하지는 않는다. 반드시 가지고 가야하는 품목은 아니다.

4. 침낭

계절에 상관없이 반드시 필요한 준비물이다. 침낭도 여름에는 천으로만 만들어진 침낭이 필요하다. 베드버그(빈대) 때문이다. 베드버그에 물리면 상당히 고생을 한다. 여름을 제외하면 가벼운 오리털 침낭을 가지고 걸으면 도움을 받는다. 난방이 안 되는 알베르게가 많아서 체온유지에 침낭은 효율적이다.

5. 판초 우비

여름에는 필요하지만 겨울에는 우비보다 방수가 되는 외투가 더 효과적이다. 우비를 가지고 가도 외투에 끼어 입는 것이 쉽지 않고 비가 오다, 안 오다를 반복하기 때문에 겨울보다 여름에 필요하다.

6. 점퍼

여름에는 어떤 외투나 상관없다. 보통은 반팔을 입고 다니다가 비가 올 때나 추울 때 입기 때문에 무게가 덜 나가고 방한기능이 있는 점퍼가 좋고 겨울에는 방한대책으로 따뜻하지만 가벼운 점퍼가 좋다. 그렇다고 캐나다구스를 입고 갈 필요는 없다.

7. 상, 하의, 속옷

개인적으로 상, 하의 옷은 3벌 정도가 좋다. 여름에는 땀이 나서 세탁을 해야 하고 겨울에는 비가 와서 세탁을 해야 하는 경우가 많다. 속옷도 상하의와 같은 숫자로 준비하면 된다.

8. 양말

4켤레는 가지고 있자. 반드시 등산양말을 신고 가야 한다. 등산 양말도 두꺼운 것이 좋다. 등산양말은 물집이 잡히지 않도록 마찰을 줄여주기 때문에 두꺼운 양말이 효과가 좋다. 비가 오면 갈아 신는 것까지 생각하고 준비해야 한다. 무게도 많이 나가지 않아 고민이 할 필요가 없다.

9. 의약품

감기약, 소화제, 항히스타민제(베드버드 대비용)가 필요하다. 풋 크림이나 바세린까지 가지고 가면 더욱 좋다.

10. 세면도구

여행용세면도구를 2개 정도를 가지고 가면 된다. 세면도구는 알베르게에 두고 오는 경우도 많아 2개 정도를 준비해 가면 효과적이다.

11. 수건

3개정도를 준비하고 여름에는 손수건을 가지고 가서 열기를 식힐 때 사용하면 효과적이다.

12. 선크림

스페인은 햇빛이 강해 자주 발라줘야 한다. 간단하게 바를 수 있는 선 스틱도 유용하게 사용할 수 있다.

13. 스마트폰

많은 순례자들이 스마트폰을 사진을 찍고 메모를 하는데 사용을 많이 한다. 입국을 하면 공항에서 데이터를 구입하여 이용하면 효과적이다. 사설 알베르게는 와이파이 사용이 대부분 가능하지만 공립 알베르게는 와이파이 이용이 안 되는 곳도 많다.

걸을 때 가장 문제가 되는 몸의 이상은 무엇일까요?

계절에 상관없이 감기에 걸릴 때를 대비해 감기약 정도는 준비해야 한다. 그런데 걸으면서 가장 문제가 되는 것은 발에 물집이 잡히는 것이다. 피부마찰을 줄이는 방법과 물집이 잡혔을 때 대처법(바세린, 풋 크림)이 필요하다. 산티아고 가는 길에서는 오랜 시간을 걷기 때문에 물집이 잡히는 것은 피할 수 없을 수도 있다. 하지만 잘 모르고 걷다가, 처음에 무리를 해서 물집이 너무 일찍 잡혀서 걷기를 중단하는 경우도 봤다.

바세린이나 풋 크림은 전날에 바르고 양말을 신고자면 아침에 코팅 막 같은 것이 형성되어 오래 걸을 때 물집이 잘 잡히지 않는다. 저자가 여러 방법을 사용해 봤지만 이것만큼 좋은 방법은 없었다. 오랜 시간을 걸으면 물집이 잡히기 쉽다. 물집이 잡히면 걷는 자세가 흐트러져서 걷는 것이 더 힘들어 지고, 신경도 많이 쓰여서 심지어 걷는 것을 포기하기도 한다.

발에 물집이 잡혔다면 어떻게 치료를 해야 할까요?

물집이 잡혔을 때, 그냥 두는 거보다 터뜨리는 것이 좋다고 알고 있는 분들이 많다. 심하지 않고 터뜨리기 힘든 초기에는 그냥 놔두어야 한다. 쓸데없이 터뜨리다가 더 심해지는 경우가 많다. 일단 반창고로 최대한 양말과의 마찰이 없도록 해주어야 한다. 발이 아프지만 참을 수밖에 없다.

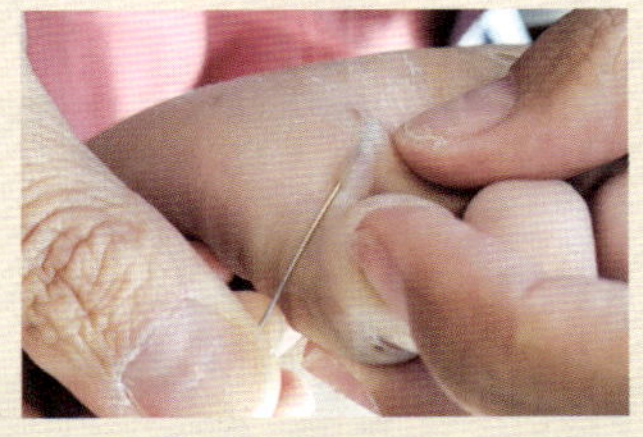

일단 물집이 잡혔을 때 최선의 방법은 바늘에 실을 꿰어서 물집을 바늘은 통과시키고 실은 물집속 안에 그대로 두는 것이 좋다. 바늘을 라이터로 소독하고 실은 살짝만 소독한 뒤 사용한다.

이때 바늘로 가장 약한 부위의 살을 찌르고 물집의 물이 나오면 다시 그 부분에 실을 다시 넣으면서 나오는 실은 일정부분 잘라서 놔두면 취침을 하는 밤에 실을 따라 물이 흘러나와서 2일 정도 후면 물이 빠지면서 살이 붙게 된다. 다음날에도 아프지만 걷다보면 통증이 덜해질 것이다. 물이 다나왔다면 실을 당겨서 빼면 물집이 낳게 된다.

 # 식사는 어떻게 하나요?

산티아고 순례길은 스페인 북부지방을 걸어서 여행을 하는 것과 같다. 스페인 사람들이 어떻게 식사를 하는지 알면 도움이 된다. 아침에 6~7시 사이에 일어나서 세수를 하고 출발준비를 하고 나서 알베르게나 바Bar에서 에스프레소나 우유를 넣은 커피인 카페 콘 레체Cafe con leche를 주문하고 나서 생 오렌지 주스, 크로아상이나 달걀과 감자로 만든 오믈렛인 토르티야Tortilla를 주로 먹는다. 전 날 슈퍼에서 구입한 재료로 직접 샌드위치를 만들어 먹기도 한다.

점심은 시간에 맞춰 레스토랑이나 바Bar가 있다면 먹게 되지만 없으면 먹지 않고 계속 걸어갈 때도 많다. 산티아고 순례길에서는 12시 30분 이후부터 점심식사가 가능하기 때문에 식사시간을 맞춰서 주문을 해야 한다. 커피나 맥주에 샌드위치 빵의 가운데를 잘라 그 안에 하몽이나 고기, 초리소 등을 넣어 만드는 보카디요Bocadillo를 먹기도 한다. 점심 식사를 거르고 머물고자 하는 알베르게에 도착하여 레스토랑에서 정식 점심식사를 하는 경우도 상당히 많다. 스페인에서는 오후 2시 정

도부터 레스토랑의 문을 여는 경우가 많기 때문이다.

저녁식사는 마트에서 요리 재료를 사다가 만들어 먹기도 하지만 레스토랑에서 10~15€의 식사가 전채 요리, 주 요리, 디저트로 먹을 때가 많다. 식사를 하면서 대화를 나누기 때문에 유럽이나 미국의 순례자들과 대화를 하기 위해서는 같이 레스토랑에서 식사를 하는 것도 친해지는 방법이다.

 Tip

스페인 식사

스페인의 레스토랑은 9~10시에 저녁 식사를 하지만 산티아고 순례길의 레스토랑에서는 6시 30분 이후부터 식사를 할 수 있다. 전채 요리, 주 요리, 디저트로 이루어진 식사가 10~15€로 제공되는 데, 와인이나 맥주, 음료수를 마신다면 추가적인 비용이 소요된다.

- **전채 요리** : 샐러드, 파스타, 스프, 리조또
- **주 요리** : 고기요리나 찜, 아니면 생선요리에 감자튀김이 같이 제공된다.
- **디저트** : 케이크, 아이스크림, 요구르트, 플란, 콘레체 등

전채 요리

메인 요리

디저트

 # 산티아고 순례길에서 듣는 용어가 따로 있나요?

산티아고 순례길을 걷는 사람들을 '순례자'라고 부른다. 배낭에 조개껍데기와 지팡이를 보면 순례자인지 쉽게 알 수 있다. 길을 걸으면서 듣는 용어에 대해 알고 갈 필요가 있다.

크레덴시알(Credensial)

순례자 여권을 부르는 용어로 산티아고 순례길을 시작하는 사람들은 생장 피드포트의 순례자 사무소나 알베르게에서 순례자 여권을 구입할 수 있다. 순례자 여권에 알베르게나 바Bar에서 도장을 찍어서 산티아고 데 콤포스텔라에 있는 순례자 사무소에서 완주증을 받을 때 제시해야 한다.

부엔카미노(buen camino)

"좋은 길"이라는 뜻의 카미노 길 위에서 가장 많이 듣게 되는 용어이다.

 ## Tip

무거운 짐을 옮기는 방법

처음 산티아고 순례길을 걷는 사람들이 대부분일 것이다. 2번 이상 오는 경우는 흔하지는 않다. 처음으로 오면 불안감 때문에 무거운 짐을 들고 고생을 한다. 그래서 이곳에서만 생긴 서비스가 다음 목적지로 배낭을 옮겨 주는 것이다.

가장 먼저, 사전에 알베르게 측에 예약을 하여 전화를 하도록 이야기해야 한다. 하루에 약 25km정도를 걸어가므로 약 5€를 주면 다음 알베르게로 옮겨주는 데 서비스 업체에서 알베르게를 돌면서 짐을 수거해 다음 알베르게로 옮긴다.

15kg 이하일 때 비치된 봉투로 된 종이에 목적지(알베르게 이름), 발송자 정보인 성명, 전화번호를 적으면 된다. 봉투 안에 운송비를 넣어야 한다.

 ## 순례자들은 어디에서 머무나요?

순례자를 위한 숙소를 '알베르게Albergue'라고 부른다. 프랑스 길의 약 800㎞에 알베르게가 있어서 저렴하게 순례자들을 위해 제공되고 있다. 알베르게는 공립과 사립으로 나뉘는데 공립이 보통 5€에 시트비 1€로 6€로 사용이 가능하고 사립은 10~22€(시트비 1€가 포함된 곳도 가끔 있음)에 시트비 1~2€로 책정된다.

알베르게는 시설마다 달라서 한 방에 4인실부터 20인실까지 다양하다. 보통 2층 침대로 구성되어 있지만 가끔은 1층 침대만으로 만들어져 있는 경우도 있다. 남녀의 구분이 없이 배정이 되고, 화장실과 샤워 시설은 남녀 공용인 곳도 남녀 구분된 곳도 있다.

알베르게는 밤 10시면 문을 닫고 아침 8시에 비워줘야 한다. 또한 1일만 머물러야 하지만 사립 알베르게는 규제가 덜 엄격하다.

알베르게^{Albergue}에서는 누구나 취침이 가능한가요?

알베르게^{Albergue}는 순례자를 위한 숙소이기 때문에 순례자만 숙박이 가능하다. 순례자라는 사실은 순례자 여권인 크레덴시알^{Credencial}이 있으면 해당 알베르게^{Albergue}에서 도장을 찍어 일정 개수 이상을 확인하고 완주증을 받을 수 있기 때문에 따로 순례자인지 확인을 하지는 않는다.

크레덴시알^{Credencial}은 자신이 출발한 곳에 있는 순례자협회에서 발급을 하기 때문에 발급받는 장소마다 조금씩 디자인이 다르다. 알베르게^{Albergue}에서 여권과 크레덴시알^{Credencial}을 보여주면 여권 번호를 적고, 크레덴시알^{Credencial}에 도장을 찍고 나면 침대 번호를 알려주어 배정을 해준다.

크레덴시알^{Credencial}에 순례자가 걷는 도시나 마을의 알베르게^{Albergue}에서 받은 도장은 산티아고 데 콤포스텔라^{Santigo de Compostela}까지 최소 110km를 걸은 순례자는 완주증을 받을 수 있다.

Tip

산티아고 순례길 중간 지점 증명서

많은 대한민국의 순례자들이 중간 지점의 증명서를 3€를 증명서 비용으로 내고 받을 수 있다. 생장 피드포트에서 걷기 시작해 산티아고 데 콤포스텔라까지 중간 지점으로 의미가 있는 곳이 사아군(Sahagun)이다. 중간 지점까지 걸었다는 증명서는 산티아고 순례길을 절반을 걸었다는 사실을 축하하는 의미로 받는다.

사아군 도서관(Sahagun Library)에서 산티아고 순례길 중간 지점을 지났다는 증명서를 제공한다. 사아군 도서관의 1층으로 들어가면 오른쪽에 입구가 있다. 따로 증명서를 제공한다는 표지판은 없지만 입구로 들어가면 도서관에서 어디로 가야하는지 설명을 해주기 때문에 받는 데 어려움은 없다. 순례길을 나누어서 걷는 순례자들은 중간 지점에서 받는 완주 증명서도 희열을 느낄 수 있다.

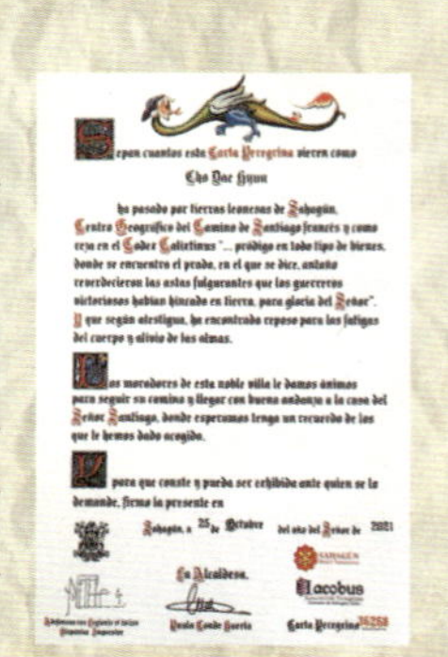

 ## 산티아고 순례길을 걷는 이유는 무엇일까요?

산티아고 순례길은 이제 전 세계에서 찾는 길의 대명사가 되었다. 2022년 코로나 바이러스가 전 세계를 휩쓰는 상황에서 1년 동안 닫혔지만 2021년 다시 산티아고 순례길을 열었다. 이 길을 걷기 위해 매년 다양한 사람들이 찾아온다. 아무 이해관례도 없이 걸으면서 서로 도와주고 대화를 통해 자신을 찾아갈 수 있는 장소이다.

길을 걸을 때는 자신의 체력에 따라 걷는 거리가 다르지만 일정 기간이 지나면 같이 걷는 사람들이 정해지면서 이들과 더욱 많은 대화를 통해 전 세계의 세상에 대해 알 수 있고 삶을 찾아가는 원동력을 배울 수 있다.

스페인 음식

스페인 사람들은 후추, 마늘, 고추, 생강 등 향이 강한 향신료를 음식에 많이 사용한다. 특히 다른 유럽인들과 다르게 마늘을 매우 좋아해서 요리에 자주 사용한다. 남유럽에서 국토가 가장 넓은 스페인은 각 지역마다 기후나 풍토, 문화가 조금씩 다르다. 그런 만큼 지역마다 특색 있는 요리들이 발달했다. 목축을 많이 하는 카스티야 지역은 양고기나 돼지고기를 이용한 육류 요리가 발달했다.

또한 스페인은 유럽 최대의 쌀 생산지이자, 지중해 연안에 있어서 다양한 해산물을 쉽게 구할 수 있는 발렌시아 지역은 쌀과 해산물을 주재료로 하는 파에야Paella가 발달했다. 날씨가 더운 안달루시아 지역은 차갑게 해서 먹는 수프인 가스파초를 많이 먹는다.

하몽Jamón

돼지 뒷다리를 통째로 소금에 절여 훈연하거나 건조시킨 스페인의 전통 햄이다. 날 것을 소금에 재워 말린 고기로 쫄깃쫄깃하고 씹을수록 고소한 맛이 난다. 스페인 타베르나 문화에서 빼놓을 수 없는 별미이다. 하몽 중에서도 18개월 이상 도토리만 먹여 키운 흑돼지로 만든 이베리코 하몽Ibérico Jamón이 고급이다.

보카디요BocadilloJamón

절반 크기의 바게트 사이에 하몽이나 초리소, 치즈, 야채 등을 넣은 스페인식의 샌드위치이다. 이름은 한 입에 먹을 수 있는 양을 의미하는 'Bocado'에서 유래하였다.

플란Flan

계란의 노른자와 우유, 설탕을 섞어 만든 단맛이 나는 후식이다.

토르티야 Tortilla

계란에 감자, 양파, 구운 피망, 햄 등을 넣어 만든 음식이다. 옥수수 가루로 만든 멕시코의 토르티야와는 다른 음식이다.

가스파초 Gapacho

토마토, 피망, 오이, 양파, 빵, 올리브유 등으로 만든 안달루시아의 대표음식으로 태양이 강한 안달루시아에서 더운 여름을 이기기 위해 만든 차가운 스프이다.

코치니요 Cochinillo

세고비아 지방의 대표적인 요리로 태어난 지 20일 정도 된 새끼 돼지를 오븐에 구운 음식이다.

초리소 Chorizo

다진 돼지고기, 소금, 빨간 피망을 다져 만든 것을 순대처럼 넣어 만든다. 후추를 첨가하기도 한다.

살치차 Salchidcha

초리소와 비슷한 이탈리아의 살라미 Salami 와도 비슷하다. 햄과 돼지비계에 후추 열매를 섞어 창자에 채워 넣어 만든다. 소금에 어느 정도 올려놓아 간이 베게 한 다음, 건조시키기 위해 야외에 그냥 두거나 연기를 쏘여 보관한다.

파에야 Paella

쌀에 해물이나 고기, 야채, 샤프란을 넣어 만든 스페인식 볶음밥으로 발렌치아 지방의 대표적인 요리이다. 해물이나 닭고기를 넣어 만든 걸쭉한 볶음밥으로 만들어

먹기도 하여 지역에 따라 약간씩 다른 맛을 낸다.
사프란을 넣어 노란빛이 나기도 하고 오징어 먹
물을 넣어 검은 빛이 나기도 한다.

파바다^{Fabada}

콩을 이용한 일종의 전골 요리로 스페인의 북동
쪽에 위치한 아스푸리아스 지방의 요리이다.

바칼라오 알 라 비스카이나^{Bacalao a la vizcaina}

바스크식의 대구 요리로 대구, 마른 후추, 양파만
으로 만든 바스크 지방의 대표요리이다.

사르수엘라^{Zarzuela}

생선과 해물을 주재료로 해 한 가지 소스만 넣어
만든 요리로 나중에는 과일과 고기, 가금류 등을
넣어 만드는 바르셀로나 지역의 대표적인 요리
이다.

소파 데 아호^{Sopa de ajo}

빵, 마늘, 올리브기름, 피망만을 가지고 만드는
마늘 수프로 스페인 중앙에 위치한 카스티야 라
만차 지방의 대표적인 요리이다.

추로스^{Churros}

밀가루에 베이킹 파우더를 넣어 반죽해 막대 모
양으로 튀겨낸 음식을 초콜릿에 찍어 먹는다. 이
를 추로스 콘 초콜라테^{Churros con chocolate}라고 한다.
우리나라의 추로스보다 더 부드러우며, 초콜라테

는 진하고 무겁다. 갓 구운 추로스를 초콜라테에 찍어 먹으면 간식으로 훌륭하다. 스페인 사람들은 아침식사로 먹는 경우가 많다.

타파스^{Tapas}

뚜껑이나 책 표지를 의미하는 단어인 타파스^{Tapas}는 저렴한 가격에 다양한 음식을 맛볼 수 있는 스페인 대표 음식으로 사실은 와인이나 맥주와 함께 먹는 안주가 발전한 요리라 보면 된다.
끼니를 간단히 때우기에 제격으로, 대부분 카페나 바^{Bar}에서는 스페인 사람들의 일상이 되어 버린 타파스^{Tapas}를 판매한다. 치즈, 생선, 계란, 야채 요리, 카나페 등의 간단한 것에서 복잡한 요리까지 포함된다. 바스크 지방에서는 핀초스^{Pinchos}라고 한다.

순례자의 하루

2~3일을 걸어보면 순례자의 하루가 짐작이 된다. 아침 6~7시 사이에 일어나 8시 전에 알베르게Albergue에서 나와 하루 일정을 시작하게 된다. 알베르게Albergue는 8시 전에 나와야 하고 1일만 숙박이 된다.

아침에는 커피와 빵으로 간단히 아침을 먹고 나서 물을 챙겨 걷다보면 배고픔에

싸온 간식을 순례길 중간에 먹으며 걷다가 점심을 먹는다. 이어서 쉬었다가 걸었다가를 반복하면서 하루에 20～30㎞의 일정을 마치게 된다. 하루에 대략 6～8시간을 걷게 된다.

걸을 때는 반드시 물집이 잡히지 않도록 발을 보호하면서 걸어야 한다. 물집이 잡히면 어느 누구도 제대로 걷기가 힘들다.

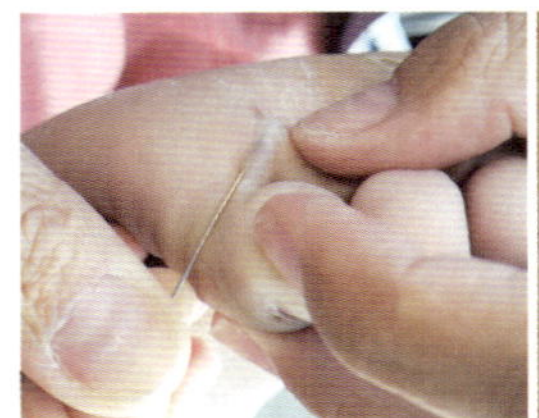 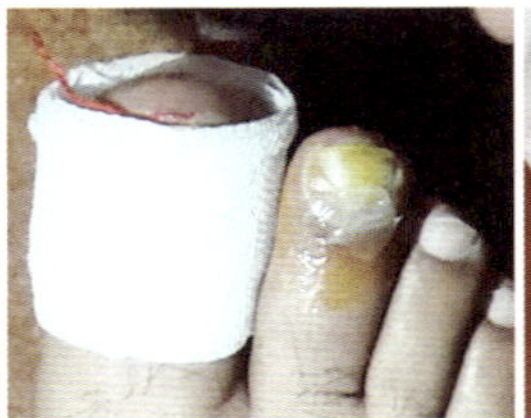 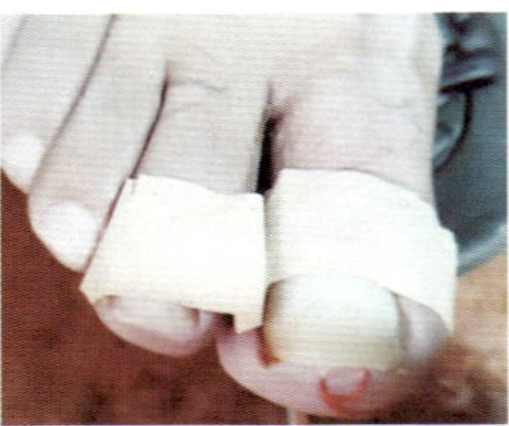

또한 물집이 잡히면 걸을 때 균형이 무너지기 때문에 또 다른 물집이 잡혀 제대로 걷지 못하는 악순환이 시작된다.

여름에 걸을 때는 물을 항상 배낭에 준비를 잘하고 걸어야 하고 추운 날씨나 겨울에는 얼마 안 되는 양의 물로도 충분히 걸을 수 있다. 마을을 지나갈 때마다 마을에는 식수대가 있으므로 물이 부족하다면 채워서 이동하도록 하자.

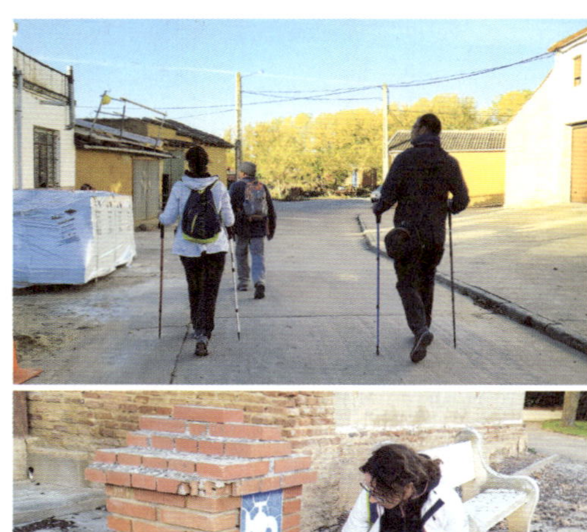

걷는 곳은 다양하다. 단순한 시골길부터 도로를 걷기도, 건너가기도 하고 교차로를 지나가기도 한다. 도로 옆 소로길도 걷고, 다리 밑으로 건너가고, 터널을 통과하기도 하면서 한걸음 한걸음 산티아고 데 콤포스텔라로 다가간다. 약 33일 정도 걸으면 마지막 지점에 도착할 수 있다.

만약 너무 일찍 오전 12시~오후 1시에 다음 도시에 도착하면 알베르게Albergue로 가서 기다리며 점심을 먹고 쉬게 된다. 알베르게Albergue에서 사람들과 이야기하면서 놀고, 저녁 시간에는 저녁식사를 하고, 10시 전에 잠에 들게 된다. 알베르게Albergue에서는 늦어도 10시에 문을 잠그고 10시에 소등을 시키는 알베르게도 있다.

욕심의 무게

순례길에서 가지고 있는
짐의 무게가 자기의 욕심의 무게라고 이야기 한다.

대부분 처음에 짐을 잔뜩 들고 출발하지만
그러고 나서 어느정도 지나면 깨달게 된다.

짐이 너무 무거워서 줄여야 한다는 걸,
그러고 나서 줄이면 좀 줄어들고,
2~3번정도 줄이면 현명한 짐이 나타난다.

산티아고 순례길로 이동하는 방법

파리에서 생장피드포트로 이동하는 방법

▶ TGV 8537 파리 몽파르나스 역 출발

	출발	도착	열차편도
파리 (몽빠르나스역) 에서 바욘까지	06:29	13:29	TGV / TER
	08:29	13:56	iTGV, TGV
	10:29	14:33	TGV
	12:29	18:30	TGV
	14:29	19:42	TGV / TER
	17:29	22:40	TGV PREM'S
	19:29	00:40	TGV
	22:12	08:41	
		직행	LUNEA
	22:53	10:39	LUNEA

※ LUNEA는 파리의 오스텔리츠역에서 출발하니 조심할 것!
※ 파리 → 바욘(Bayonne) → 생장 피에드 포트(St Jean Pied Port)　　※ 바욘에서 갈아타야하니 주의!

▶ 바욘(Bayonne) 도착후 기차 환승
▶ 바욘(Bayonne) 출발
▶ 생장 피드포트t 도착후 휴식
▶ 테르(TER)를 타고 약 1시간 20분 정도 소요

	출발시간	요일
욘에서 생 장 피에드 포트 (St Jean Pied Port) 까지	07:45	월
	08:24	매일
	11:24	매일
	12:00	월~토
	14:37	매일
	15:06	매일
	18:13	월~토
	19:58	매일
	21:06	금, 일, 휴일

마드리드에서 팜플로나로 이동하는 방법

프랑스 길의 3일 차에 도착하는 팜플로나는 스페인 내에서만 산티아고 순례길을 걷고자 하는 순례자들이 자주 이용한다. 팜플로나는 큰 도시이므로 마드리드에서 하루에 5번 이동하는 열차가 있다. 시간은 계절에 따라 조금씩 달라지므로 사전에 확인해야 한다.

 **Tip**

렌페

스페인은 렌페(http://www.renfe.es/)라고 하는 기차 예약서비스가 있다. 렌페 어플이나 인터넷으로 직접 예약할 수 있다. 우리나라의 코레일과 비슷한 서비스이지만 대한민국처럼 빠른 인터넷 사용이 잘 안되니 조바심을 내면 안 된다.

마드리드에서 레온Leon, 폰페라다Ponferrada, 사리아Sarria로 이동하는 방법

산티아고 순례길 300km, 220km, 110km 갈 때는 스페인 마드리드 북쪽에 있는 차마르틴 역, 12시 20분에 출발하는 기차를 타면 레온Leon을 거쳐 폰페라다Ponferrada, 사리아Sarria로 이동한다. 마드리드Madrid에서 갈 때는 기차가 점심 12시 정도에 가서 레온Leon을 거쳐 폰페라다Ponferrada, 사리아Sarria에 저녁에 도착해 알베르게에서 준비를 하고 다음날부터 출발하는 것이 좋다.
야간버스는 피곤이 누적되어 걸을 때 힘들 수 있다.

마드리드 차르마틴역	출발	도착
	주간 12시 21분	레온 16시 20분, 폰페라다 17시 35분, 사리아 18시 32분

버스도 있지만 기차를 추천한다. 버스는 오전부터 야간 버스까지 있다. 한다. 루고Lugo에서 내려 다시 사리아Sarria까지 갈아타고 가야 한다. 마드리드 남부터미널에서 루고까지 7시간정도가 소요되며 루고에서 사리아까지는 넉넉히 1시간도 잡으면 된다. (Alsa버스)

마드리드 남부터미널	출발 → 도착	루고 (Lugo)	출발 → 도착	사리아 (Sarria)
	오전 10시(7시간 소요)		30분~1시간 소요	

SUN	MON	TUE

WED	THU	FRI	SAT

곧바로 떠나는

산티아고 순례길

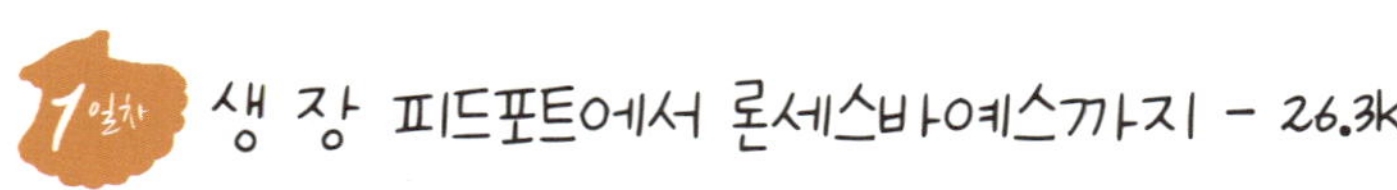

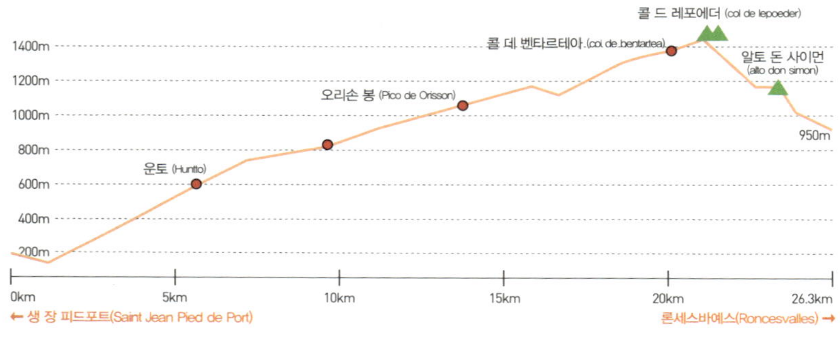

이동경로 / 26.3km

생 장 피드포트(Saint Jean Pied de Port) – 운토(Huntto) – 오리손 봉(Pico de Orisson) – 십자가(Crudeiro) – 뢰푀더 언덕(Col de Lepoeder) – 론세스바예스(Roncesvalles)

대부분의 오르막길 (첫날부터 어렵다.)

프랑스에서 스페인 국경을 넘는 이 구간은 피레네 산맥이 자리잡고 있는 요새 같은 곳 이다. 산티아고 순례길이 익숙하지도 않지 만 가장 힘든 구간에서 시작한다. 장거리를 이동하여 쉬고 싶었겠지만 바로 출발하면 서 걱정부터 앞서게 된다.

피레네 산맥의 오르막길을 올라가 이제 끝 인가 생각하면 다시 내리막길이 나온다. 그런데 내리막길도 쉽지 않다. 첫날이기 때문에 자주 물을 마시고 간식으로 체력을 보충하면서 걸어가야 한다. 운토, 오리 손 봉, 레푀더 안부가 대표적인 쉬는 장소이다. 중간 중간 쉬지 않으면 경사가 심한 내리막길에서는 무릎이 아프면서 미끄러질 수도 있기 때문에 조심해야 한다. 그늘 이 부족하므로 모자. 물, 선글라스 등을 미리 챙겨두는 것이 좋다.

스페인 인문
Puerta de Espana
에트체베스티아
이로우에야
다리
Puente
운토
Hunto
카오라 오리손
Kayola Orrison
나폴레옹 길(Ruta de Napoleon)
롤랑의 샘
나바라 입구 표지석
생 장 피드포트
Saint Jean Pied de Port
N-135
발카롤로스 길(Ruta de Valcarlos)
십자가상
레퓌더 언덕
Col de Lepoeder
프랑스
스페인
발카를로스
Valcarlos
아바네타 언덕
론세스바예스
Roncesvalles
0km
5.2km
11.1km
15km
20.7km
26.3km

| LOCATION | 생 장 피드포트 ···▸ 론세스바예스

| ONE'S TRAVEL SCHEDULE |

시　분 출발, 　시　분 도착

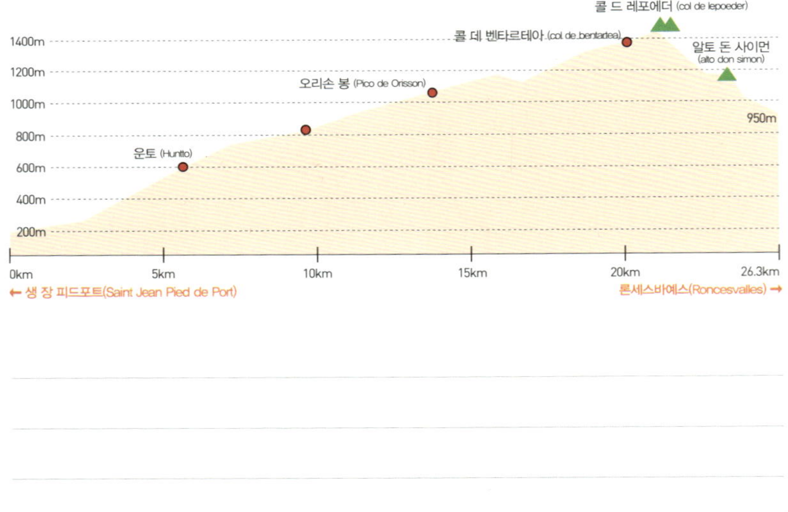

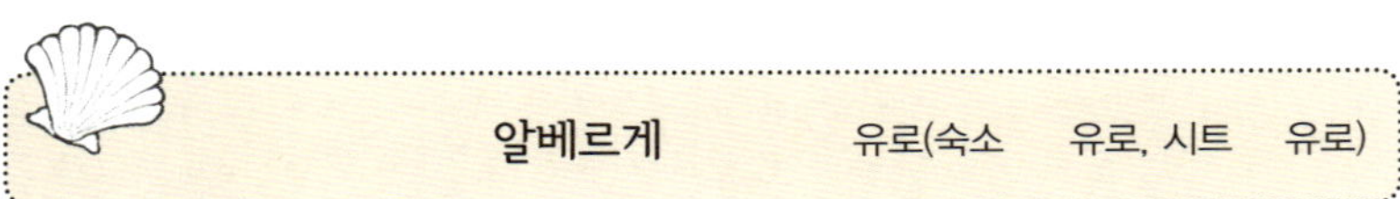

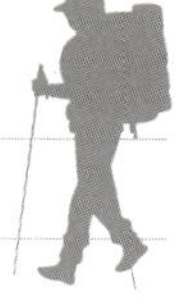

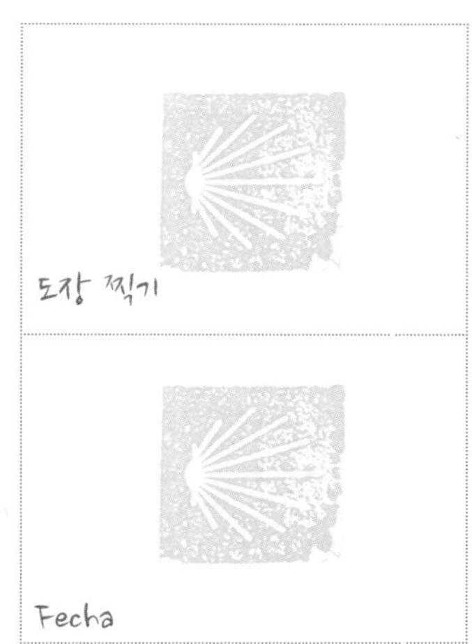

도장 찍기

Fecha

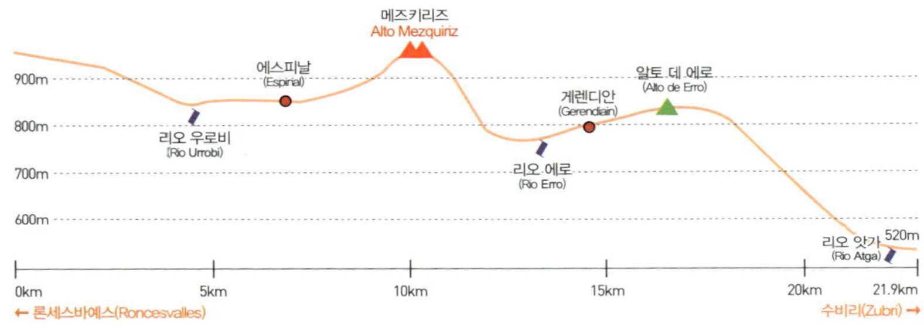

완만한 오르막길+내리막길

첫날은 힘들었지만 대신 자신감을 얻었다. 가끔은 "매일 이렇게 힘들게 걸어야 하나?" 걱정하기도 한다. 또한 알베르게 생활을 하면서 적응하는 것도 쉬운 일은 아니라는 것도 판단해야 한다.

산티아고 순례길은 자신의 걷는 방법에 맞춰서 걸어가고 중간 중간 휴식을 취해야 한다. 단거리로 빠르게 걷는다고 해결되지 않는다.

론세스바예스^{Roncesvalles}부터 린소아인까지 피레네 산맥에서 살아가는 마을을 지나가면서 사람들의 생활을 엿볼 수 있기도 하다. 완만한 오르막길과 내리막길이 이어지기 때문에 적절히 쉬어야 한다. 에로 고개에서 수비리까지만 다소 내리막길이 심하므로 무릎을 조심해야 한다.

쉬지 않으면 경사가 심한 내리막길에서는 무릎이 아프면서 미끄러질 수도 있기 때문에 조심해야 한다. 그늘이 부족하므로 모자. 물, 선글라스 등을 미리 챙겨두는 것이 좋다.

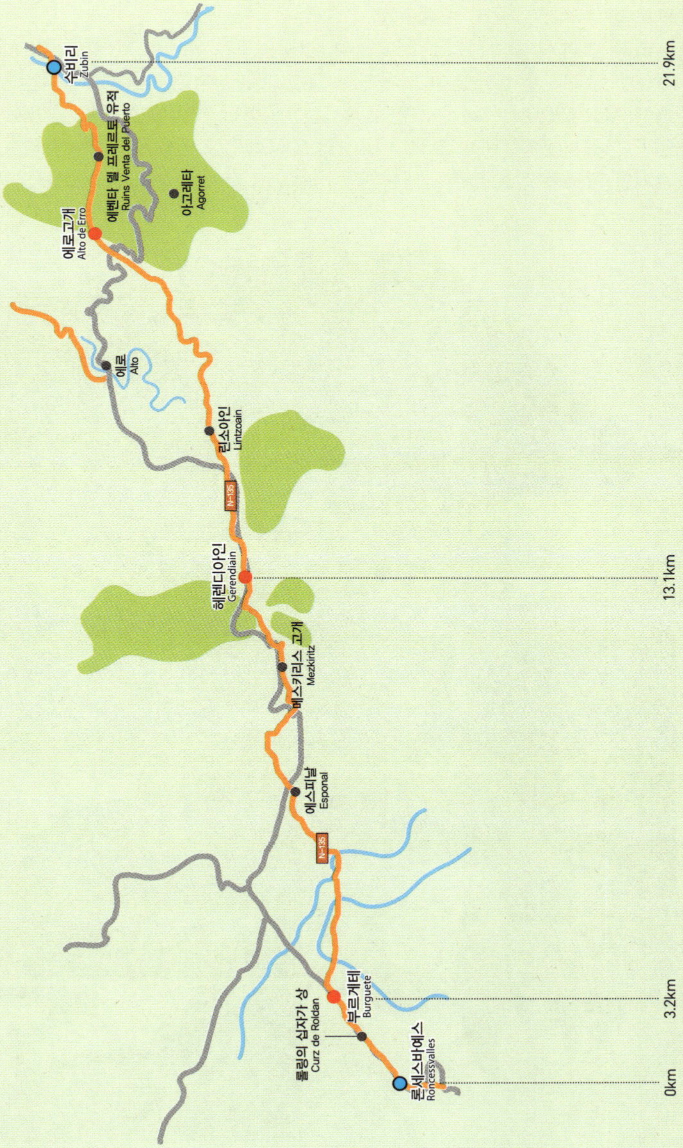

수비리
Zubin
에벤타 델 프레르토 유적
Ruins Venta del Puerto
아고레타
Agorret
에로고개
Alto de Erro
에로
Alto
린소아인
Lintzoain
N-135
헤렌디아인
Gerendiain
메스키리스 고개
Mezkiritz
에스포날
Esponal
N-135
부르게테
Burguete
롤랑의 십자가 상
Curz de Roldan
룬세스바예스
Roncesvalles
21.9km
13.1km
3.2km
0km

리오 아르가(Rio Arga) 알베르게

수비리^{Zubri}에서 대부분의 순례자들이 지내는 가장 유명한 알베르게이다. 주인이 친절하여 순례자들의 호평이 이어지고 있다. 10인실부터 2인실까지 다양한 숙박형태를 가지고 있어서 선택을 하면 된다. 화장실이나 샤워실 상태도 좋아서 관리가 잘된 인상을 받는다. 현재 코로나 바이러스 상황으로 인해 조리를 해 먹는 거보다 이야기를 나누는 정도로만 사용한다.

| DATE | 2

| LOCATION | 론세스바예스 ⋯▸ 수비리

| ONE'S TRAVEL SCHEDULE |

시   분 출발,   시   분 도착

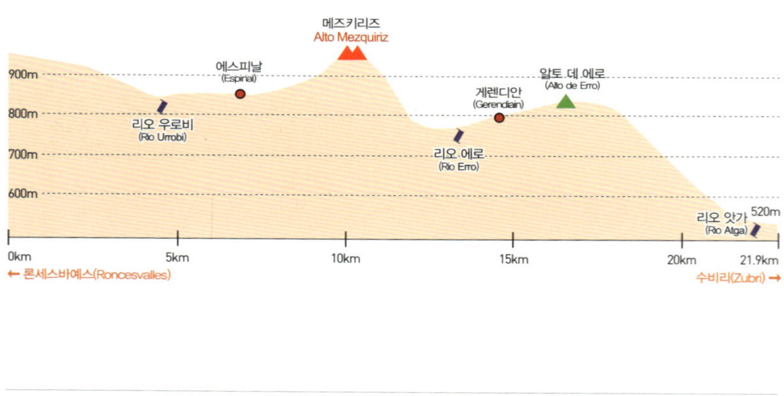

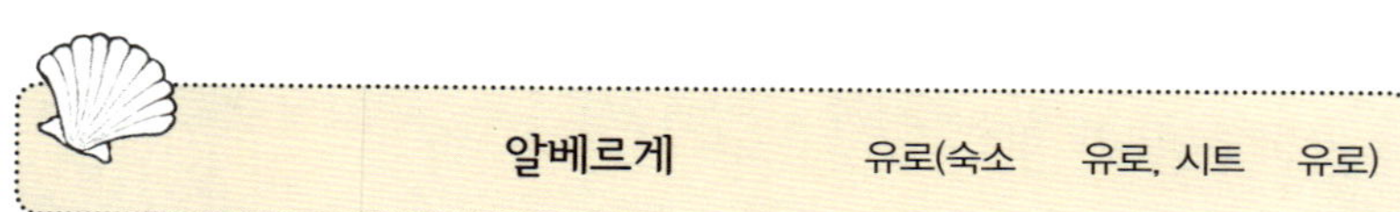

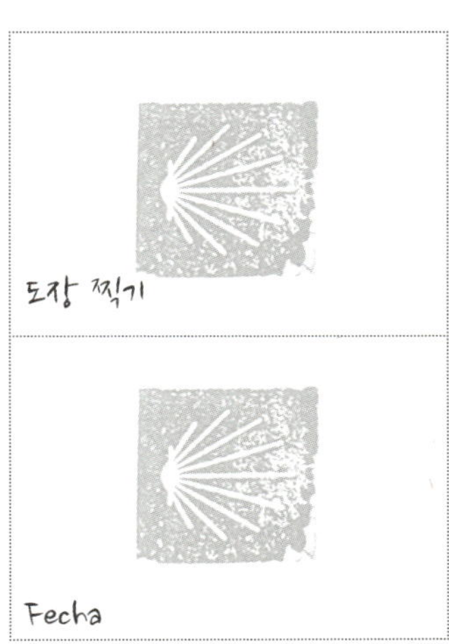
도장 찍기
Fecha

3일차 수비리부터 팜플로나까지 - 21km

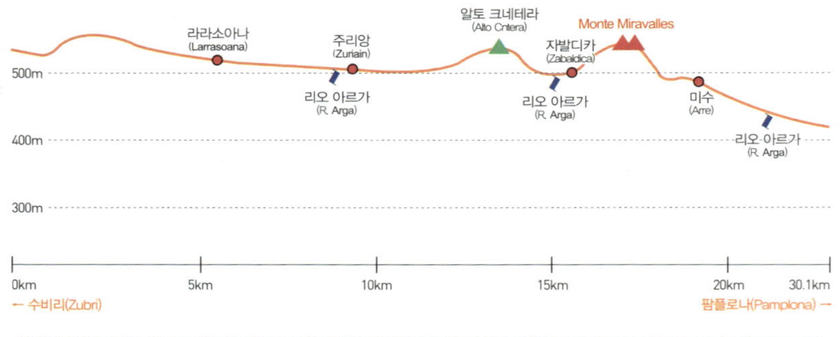

이동경로 / 21km

수비리(Zubri) – 라라소아나(Larrasoana) – 수리아인(Zuriain) – 트리니다드 데 아레(Trinidad de Arre) – 팜플로나(Pamplona)

평지길

2일을 걷고 아르가 강을 건너고 따라가면서 팜플로나에 들어가는 날로 거리로 짧아서 걷기에 적당하다. 앞으로 대도시로 들어가야 하는 경우가 많을 것이다. 평지길이어서 힘이 들지는 않지만 지루하게 도시외곽에서 도시 안으로 들어가야 해서 교통량이 많은 도로와 교차로를 지나가야 한다.

또한 대도시로 진입하면 노란색 화살표가 없어지고 보도블록에 조개껍데기 표시가 있거나

진입하는 공원 같은 곳에는 가로수에 노란색이나 표지판이 있고, 가로등에 화살표 표시를 해놓기도 한다. 잘 보고 걸어가야 길을 잃어버리지 않는다. 구글 맵으로 자신의 위치를 확인하면서 걸어가는 것도 좋은 방법이다.

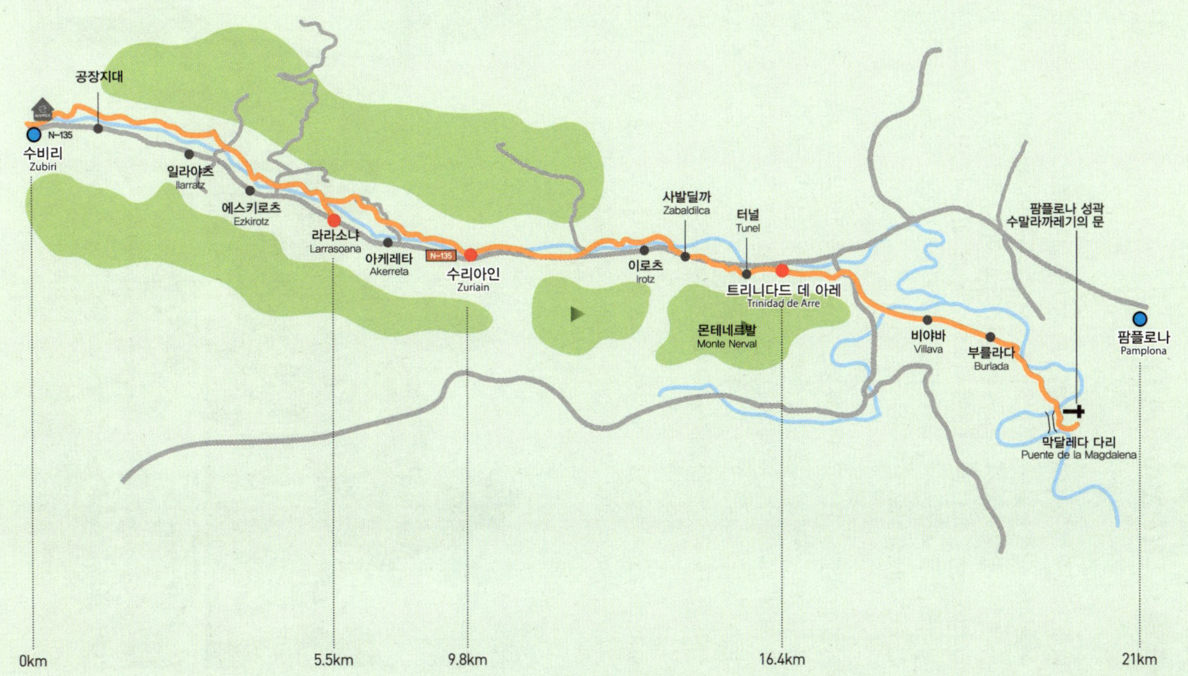

공장지대
수비리
Zubiri
N-135
일라야츠
Ilarratz
에스키로츠
Ezkirotz
라라소냐
Larrasoana
아케레타
Akerreta
N-135
수리아인
Zuriain
사발딜까
Zabaldilca
터널
Tunel
이로츠
Irotz
트리니다드 데 아레
Trinidad de Arre
몬테네르발
Monte Nerval
팜플로나 성곽
수말라까레기의 문
비야바
Villava
부를라다
Burlada
팜플로나
Pamplona
막달레나 다리
Puente de la Magdalena
0km
5.5km
9.8km
16.4km
21km

팜플로나(Pamplona)

나바라 왕국의 수도로 번성했던 도시가 팜플로나이다. 마드리드에서 팜플로나로 이동하여 순례길을 시작하는 순례자들도 있다. 마드리드에서는 아토차역에서 하루에 3~4편의 기차가 있으며 약 3시간 30분이 걸린다. 버스는 아베니다 데 아메리카 버스터미널에서 6~10편의 버스가 있으며, 약 5시간이 소요된다. 팜플로나 역에 내리면 역은 시가 북쪽 교외에 있어 시내 중심까지는 B9버스를 이용하면 약 10분 정도면 시내중심으로 들어온다.

팜플로나에서 가장 유명한 축제는 7월6일부터 14일까지 열리는 산 페르민 축제이다. 소몰이 축제로 헤밍웨이의 소설, "해는 또다시 떠오른다"에도 나와 세계적으로 알려진 축제이다. 축제 기간에는 세계에서 몰려온 관광객들이 몰려들어 숙소를 찾는 데에도 고생을 한다. 이 축제만 끝나면 매우 조용한 도시로 중세의 정취를 느끼며 한가로이 거리를 둘러볼 수 있는 도시이다.

도시의 중심은 카스티요 광장으로 남서로 이어져 있는 사라사테 거리와 아르하 강으로 둘러싸인 곳이 구시가이다. 광장의 북동쪽에 중후한 모습의 대성당이 있고,

레딘 거리를 따라 북으로 올라가면 나바라 시대에 만들어진 성벽이 있다. 성벽위에서 아르하 강^{Rio Arja}을 볼 수 있다.

강을 따라 걷다보면 소몰이의 목표지점인 투우장이 나오고, 입구의 왼쪽에는 헤밍웨이 동상이 서 있다. 플라타너스가 있는 가로수 길은 '파세오 헤밍웨이'라고 불린다.

팜플로나 지저스 이 마리아 알베르게
(Jesus y Maria Albergue)

팜플로나^{Pamplona}에서 대부분의 순례자들이 지내는 가장 유명한 알베르게로 10€로 적당한 가격이다. 팜플로나 시내 중심에 있어서 잠시 시내를 둘러보기에도 좋고 규모도 상당히 큰 편이다. 와이파이도 빠르고 순례자여권을 구입하는 순례자도 많다. 생장 피드포트에서 구입을 못 했다면 이곳에서 구입해도 된다.

10인실부터 20인실까지 큰 방으로 이루어진 숙박형태를 가지고 있어서 선택이 필요없다. 화장실이나 샤워실 상태도 좋아서 관리가 잘된 인상을 받는다. 현재 코로나 바이러스 상황으로 인해 조리를 해 먹는 거보다 이야기를 나누는 정도로만 사용한다.

| LOCATION | 수비리 ⋯ 팜플로나

| ONE'S TRAVEL SCHEDULE |

시   분 출발,   시   분 도착

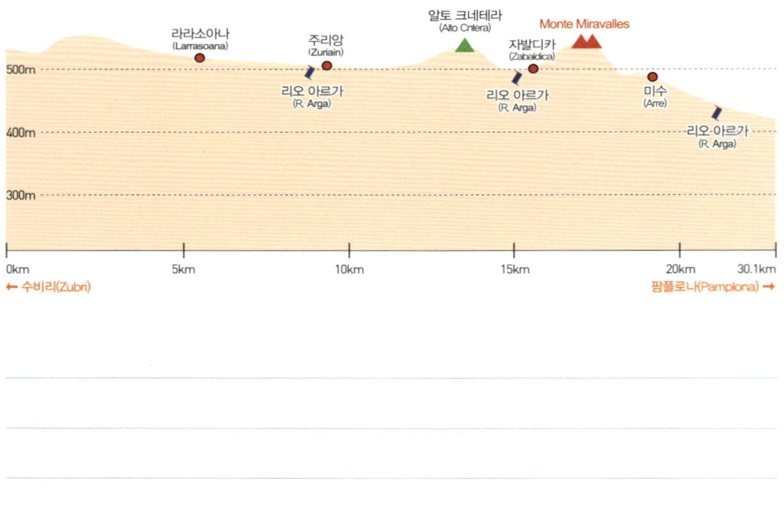

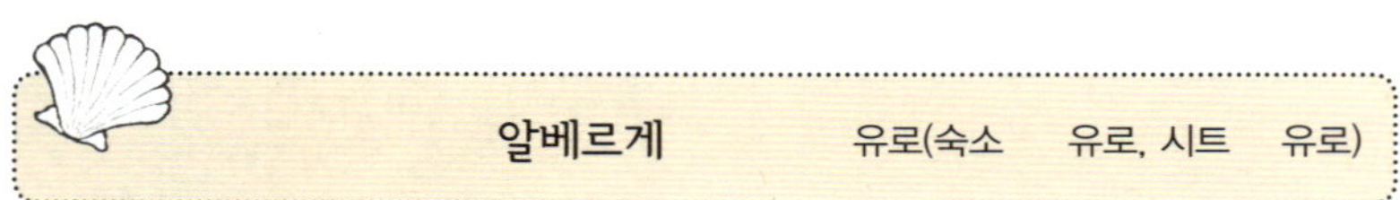

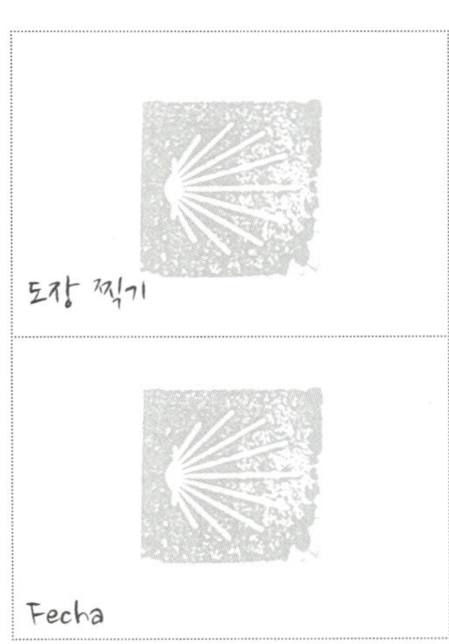
Fecha
도장 찍기
Fecha

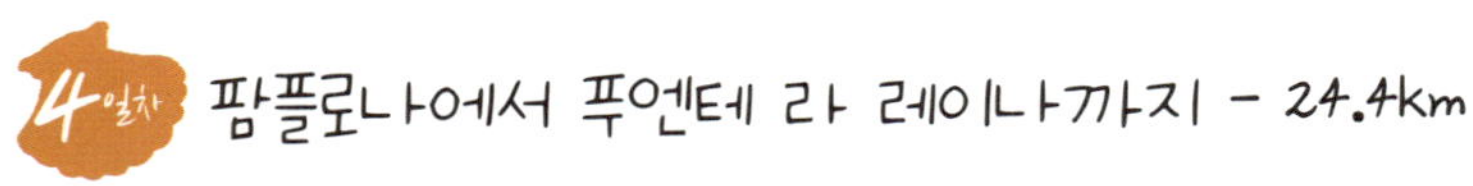

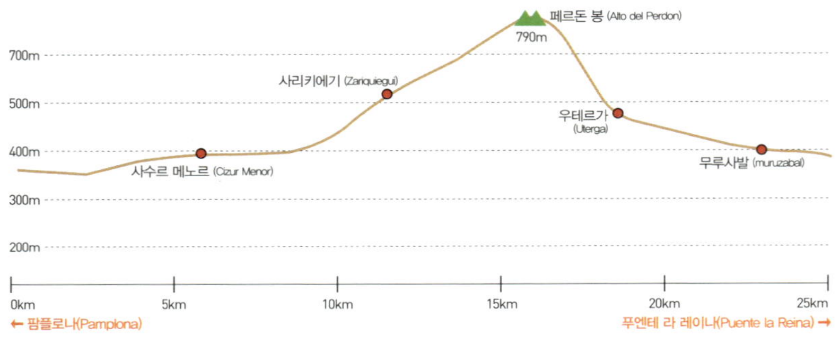

이동경로 / 24.4km

팜플로나(Pamplona) – 사수르 메노르(Cizur Menor) – (Zariquiegui)– 페르돈 고개(Alto del Perdon) – 우테르가(Uterga) – 오바노스(Obanos) – 푸엔테 라 레이나(Puente la Reina)

오르막길과 내리막길
(오히려 오르막길이 쉽고 내리막길에 조심해야 한다.)

팜플로나Pamplona에서 아침에 출발하면 어두워서 도시를 벗어나는 게 혼동되기도 한다. 그러니 나보다 앞서서 출발하는 순례자가 있다면 잘 따라서 도시를 벗어나는 게 현명할 수 있다. 이후에는 페르돈 봉까지 평지에서 오르막길이 이어지는 데 바람이 지나가는 곳에 순례자 기념물이 작품으로 세워져 있다.

이곳까지 올라오는 것도 힘들 수 있지만 이후가 더 문제이다. 내리막길만 잘 마무리하면 그 이후부터는 평지로 이어진 길이 마을과 포장도로로 이어져 어렵지 않게 걸을 수 있다.

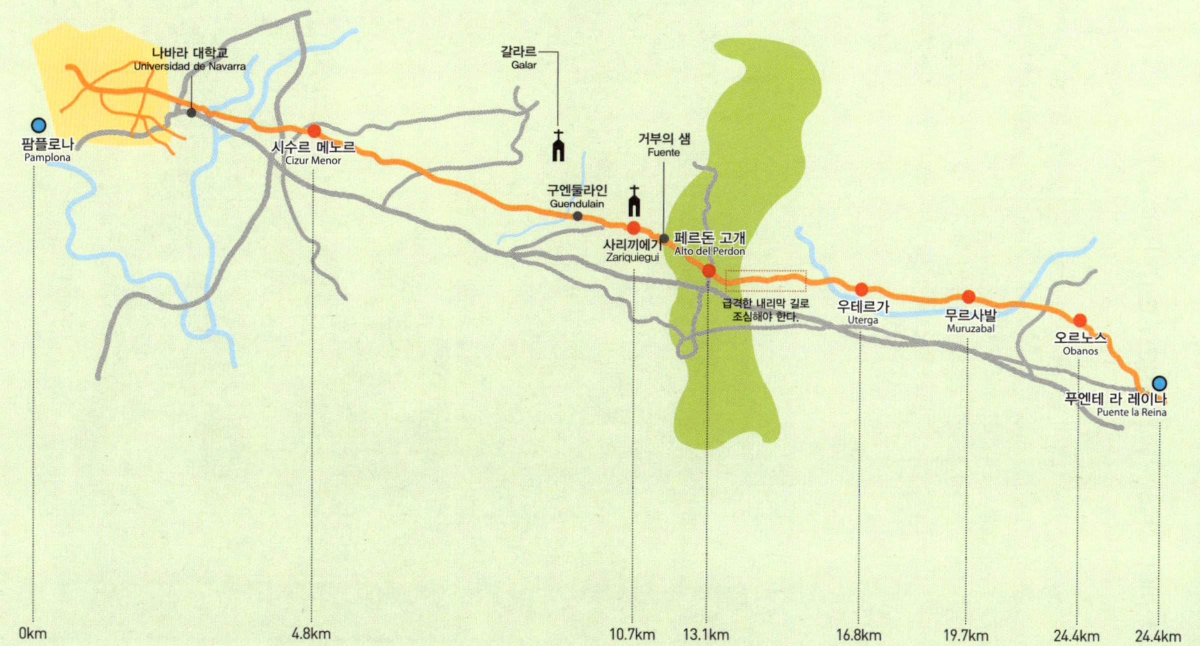
팜플로나
Pamplona
나바라 대학교
Universidad de Navarra
시수르 메노르
Cizur Menor
갈라르
Galar
구엔둘라인
Guendulain
거부의 샘
Fuente
사리끼에기
Zariquiegui
페르돈 고개
Alto del Perdon
급격한 내리막 길로 조심해야 한다.
우테르가
Uterga
무르사발
Muruzabal
오르노스
Obanos
푸엔테 라 레이나
Puente la Reina
0km
4.8km
10.7km
13.1km
16.8km
19.7km
24.4km
24.4km

푸엔테 라 레이나(Puente la Reina)

시내가 길게 가로지른 도보 길이 이어지고 옆에 광장과 성당 2곳이 있다. 산티아고 성당과 성모 마리아 상이 있는 산 페드로아포스톨 성당이 웅장하게 서 있다. 주말에는 마을 대부분의 주민들이 미사를 본다.

마을 끝에 있는 센 아르가 강의 중앙에는 레이나 다리가 서 있다. 산초 3세의 부인이 로마네스크 양식으로 다리를 만들어 감사하다는 마음으로 '왕비의 다리'라고 부르고 있다.

푸엔테 라 레이나(Puente la Reina) 알베르게

시내에 2곳, 입구에 1곳이 알베르게가 있다. 다른 사설 알베르게도 있지만 시설이 좋지 않다. 시내는 길게 주 도로가 이어지고 그 옆으로 광장과 성당이 이어진다.

주말에는 대부분의 상점들이 문을 일찍 닫기 때문에 필요한 물품은 미리 구입하는 것이 편리하다. 입구에 있는 알베르게는 7€(숙박 6€, 시트 1€)이고 프런트에 있는 할아버지 직원은 상당히 까칠하다. 하지만 시설은 깔끔하게 정리되어 있다.

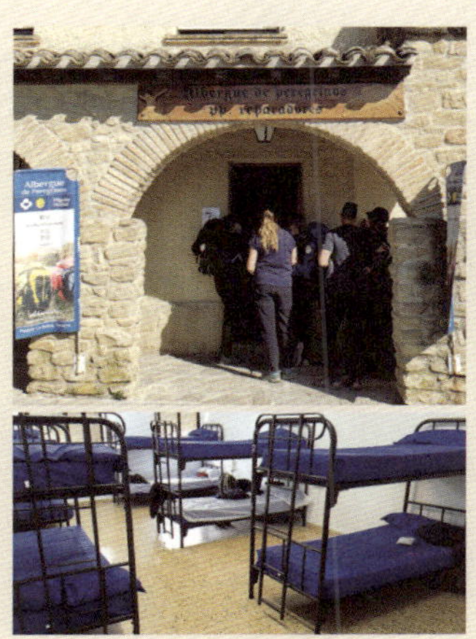

| LOCATION | 팜플로나 ···› 푸엔테 라 레이나

| ONE'S TRAVEL SCHEDULE |

시   분 출발,   시   분 도착

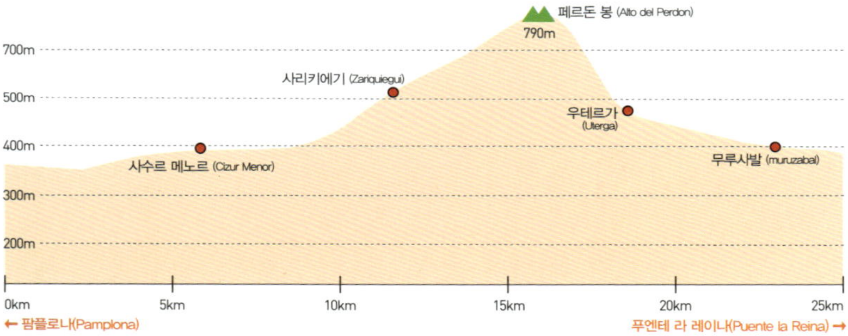

페르돈 봉 (Alto del Perdon)
790m

사리키에기 (Zariquiegui)

우테르가 (Uterga)

사수르 메노르 (Cizur Menor)

무루사발 (muruzabal)

700m
500m
400m
300m
200m

0km   5km   10km   15km   20km   25km

← 팜플로나(Pamplona)

푸엔테 라 레이나(Puente la Reina) →

알베르게   유로(숙소   유로, 시트   유로)

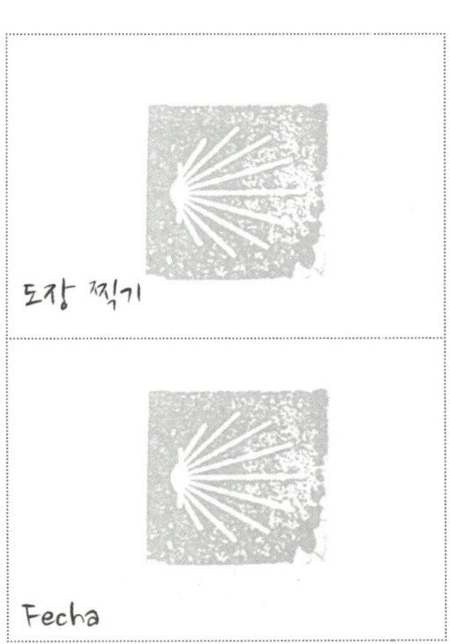
Fecha
도장 찍기
Fecha

5 일차 푸엔테 라 레이나에서 에스테야까지 - 21.1km

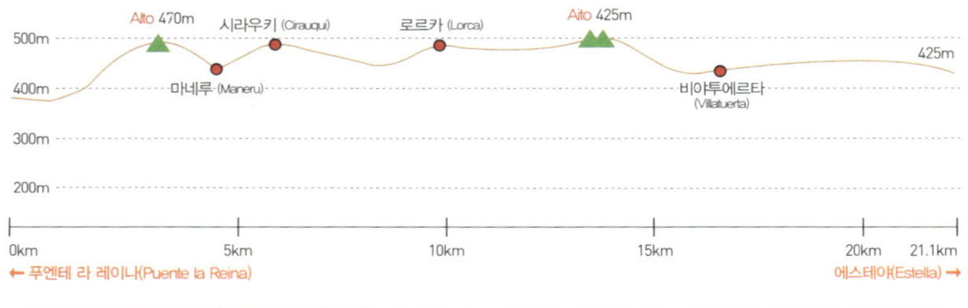

이동경로 / 21.1km

푸엔테 라 레이나(Puente la Reina) - 마네루(Maneru) - 시라우키(Cirauqui) - 로르카(Lorca) - 비야투에르타(Villatuerta) - 에스테야(Estella)

오르막길 (초반의 오르막길만 힘들다.)

위에 있는 경사도를 보면 별로 힘들지 않고 거리도 어제보다 4.3㎞나 줄어서 괜찮겠다고 생각하고 걸어가기 시작하면 혼란이 온다. 처음에 걷는 경사가 의외로 힘

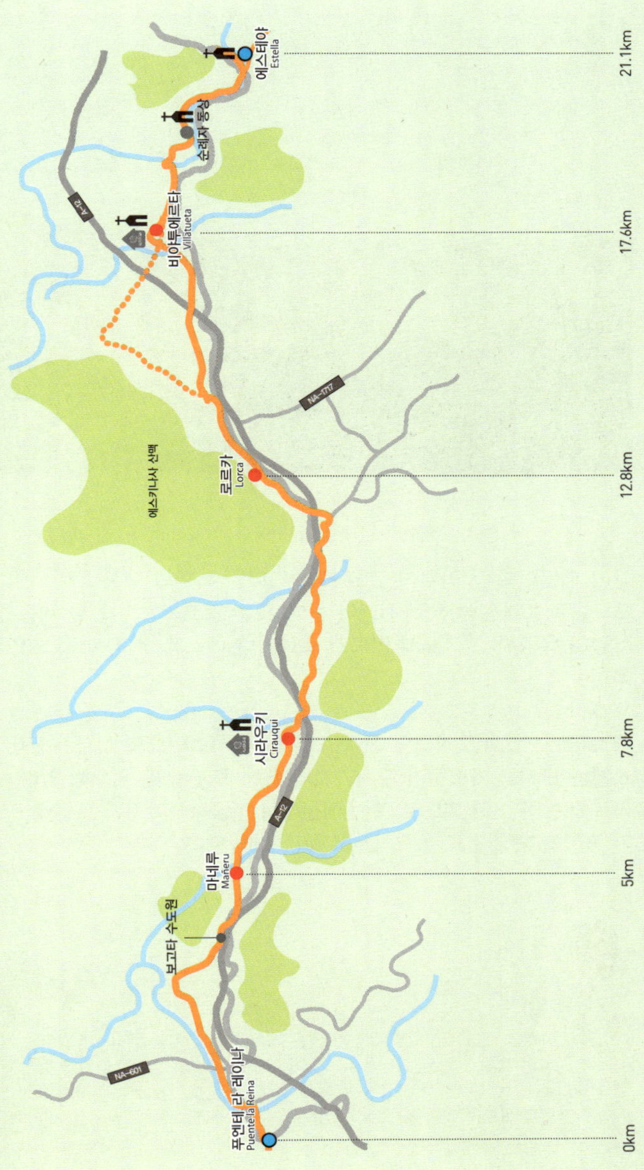
21.1km
17.6km
12.8km
7.8km
5km
0km
에스테야
Estella
순례자 동상
비야투에르타
Villatuerta
A-12
NA-1717
로르카
Lorca
에스카니나스 산맥
시라우키
Cirauqui
A-12
마녜루
Mañeru
보프타 수도원
NA-601
푸엔테 라 레이나
Puente la Reina
에스테야
Estella

들기 때문이다. 시라우키, 로르카는 스페인 북부의 대표적인 와인 생산 지역으로 포도밭과 10㎞이상 같이 걸어야 한다. 또한 로르카는 벌꿀을 채집하는 양봉으로도 상당히 유명하다. 그래서 반드시 로르카나 에스테야Estella에서 와인을 마셔볼 것을 추천한다.

에스테야Estella에 도착하면 산 페드로 성당, 카스티요의 십자가 등이 유명한데 알베르게는 도시를 가로질러 구시가지의 끝에 길 건너에 위치해 있다. 입구에 있는 다리로 이동하면 안 되므로 계속 직진하여 이동하여야 한다. 5일 정도 걸어가면 피로가 쌓이게 되니 반드시 휴식을 취하는 것이 좋다.

Tip

벌꿀과 와인

스페인 북부의 대표적인 와인 생산 지역은 뜨거운 햇빛과 10월부터 추워지는 차가운 바람을 맞으며 생산된 포도로 만든 와인은 이 지역의 자부심이다. 스페인 와인은 좋은 품질에도 브랜드화 작업이 더뎌 저렴하게 마실 수 있는 장점이 있다. 또한 로르카는 양봉으로 유명하여 로르카의 상점들을 찾으면 양봉을 소개하는 팜플렛을 볼 수 있다.

에스테야^{Estella} 카푸치노스^{Capuchinos} 알베르게

힘든데 시내에는 알베르게가 없어서 당황스럽기도 하다. 하지만 구시가지를 나와 왼쪽의 좁은 도로를 건너면 앞에 커다란 알베르게가 나온다. 구시가지에서 멀어서 식사도 이동할 것이 걱정된다면 알베르게에서 운영하는 레스토랑을 이용해 보자. 저렴하게 양이 상당히 많다.

6명이 2층 침대로 1개의 방을 쓰는 구조인데 침대는 최근에 구매를 하여 시설이 상당히 좋은 편이지만 가격은 16€(시트에 이불도 포함)로 비싼 알베르게이다. 알베르게 뒤로 잔디가 이어진 쉬기도 하고 빨래도 널 수 있는 큰 공간이 인상적이다. 프런트에 있는 직원은 친절하여 이것저것 설명을 잘 해준다.

| LOCATION | 푸엔테 라 레이나 ⋯▸ 에스테야

| ONE'S TRAVEL SCHEDULE |

시　분 출발,　시　분 도착

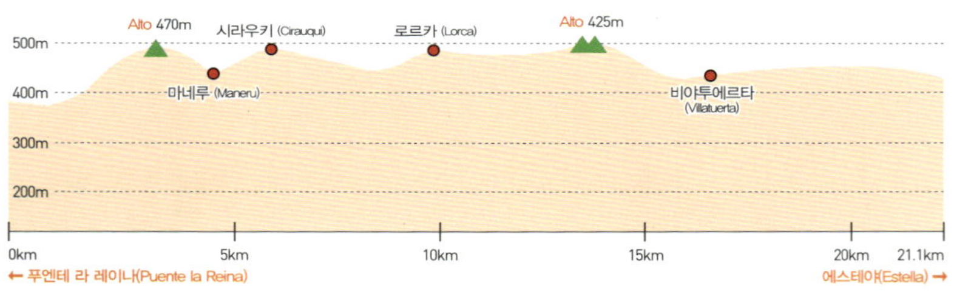

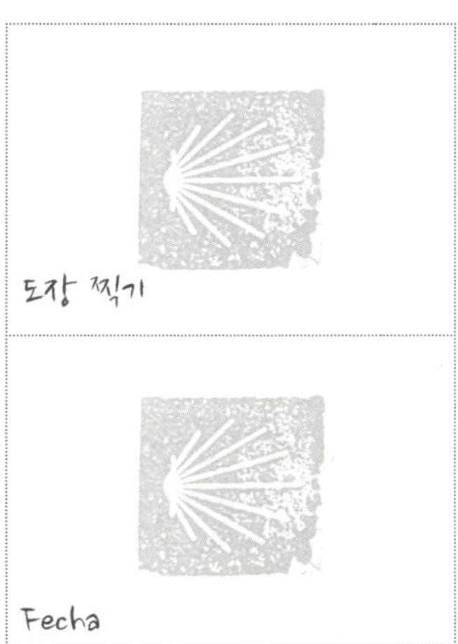
Fecha
도장 찍기
Fecha

6일차 에스테야에서 로스 아르코스까지 - 21.7km

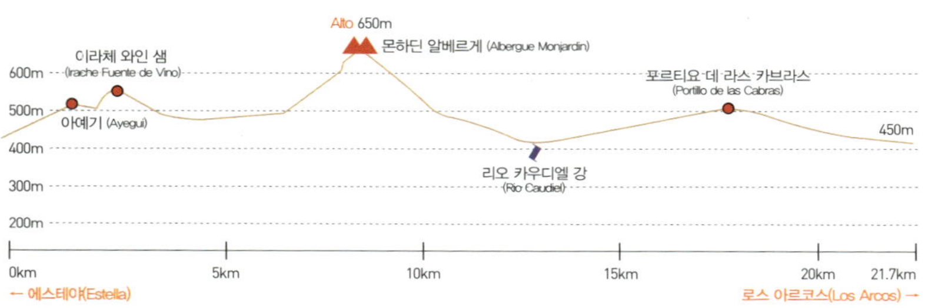

이동경로 / 21.7km

에스테야(Estella) - 이라체 와인 샘(Irache Fuente de Vino) - 아스케타 (Azqueta) - 비야마요르 데 몬하르딘(Vilamayor de Monjardin) - 로스 아르코스(Los Arcos)

오르막길 (마지막 10km의 그늘 없이 걷기가 힘들다.)

오늘 걷는 거리는 비교적 짧은 편이다. 처음부터 올라가는 오르막길은 이라체 와인샘에서 공짜로 마시는 와인으로 어느 정도 보상을 받는다. 720m까지 올라가는 높이에 힘들 수도 있다고 생각하겠지만 어렵지 않다. 그런데 비야마요르 데 몬하르딘Vilamayor de Monjardin부터 로스 아르코스Los Arcos까지 이어지는 평야에서 걷는 것이 힘들다. 평지이지만 그늘은 없고 막연하게 10㎞이상을 걸어가야 한다. 로스 아르코스Los Arcos 4㎞전에 있는 그늘 의자가 유일한 위로가 될 것이다.

Tip

햇볕과 동행한다!

우리가 지금 걷고 있는 길은 스페인 북부의 와인 산지에서 걷고 있는 곳으로 최근에 스페인 와인이 유행하면서 유럽에서 많이 소비되고 있다. 사전에 물과 간단한 초콜릿과 같은 간식, 캔디 등이 있으면 걷는 데 좋을 것이다. 또한 같이 걸을 수 있는 벗이 있다면 금상첨화가 될 것이다.

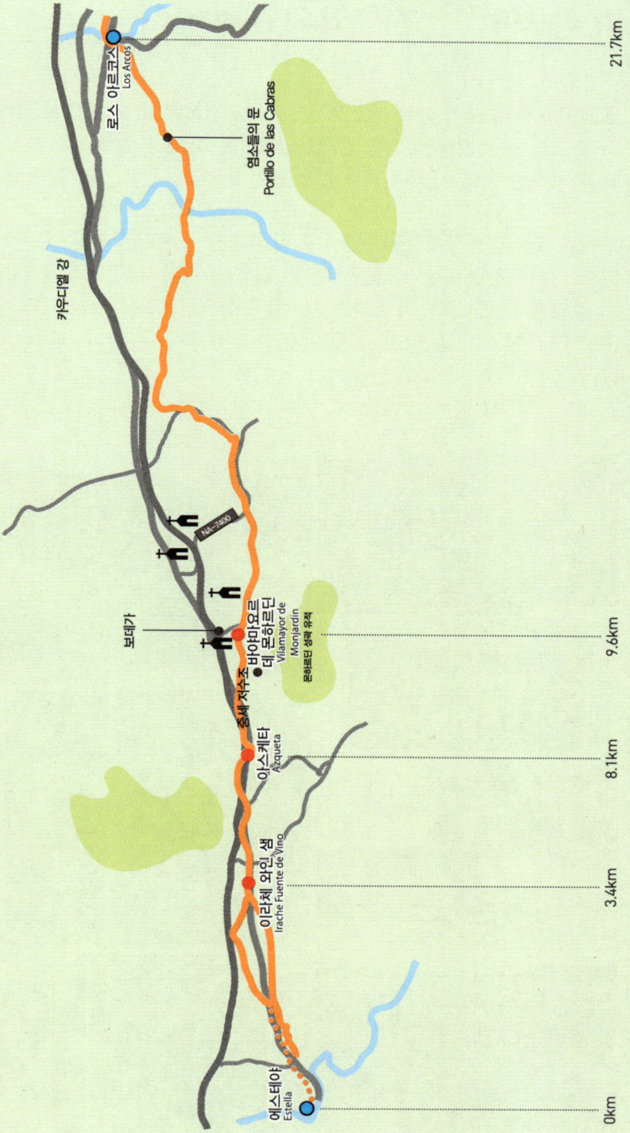

로스 아르코스
Los Arcos
21.7km
염소들의 문
Portillo de las Cabras
카우디엘 강
NA-7400
보데가
바야마요르 데 몬하르딘
Vilamayor de Monjardin
몬하르딘 성곽 유적
9.6km
중세 저수조
아스케타
Azqueta
8.1km
이라체 와인 샘
Irache Fuente de Vino
3.4km
에스테야
Estella
0km

라 리오하^{La Rioja} 지방의 와인 Vino

스페인에서 포도가 본격적으로 생산되기 시작한 때는 프랑스의 와인 생산지역에서 포도밭에서 발생한 질병인 '필록세라'를 피하기 위해 남쪽으로 내려와 포도 재배를 시작한 이후, 대체지역으로 스페인 북부로 시선을 옮기면서 시작하였다.

프랑스보다 질병에 강하고 종류도 다양해진 스페인 와인은 프랑스 와인의 대체지역으로 시작하였지만 지금은 프랑스 와인의 저가 와인 시장을 유럽 내에서 대체하는 효과를 보고 있다. 상대적으로 브랜드화가 안 되어 고가 와인은 많지 않지만 새로운 다양한 와인을 맛볼 수 있어서 스페인 와인은 점차 세계적으로 인기를 얻고 있다.

로스 아르코스(Los Arcos)

작은 마을이지만 길게 이어져서 마지막으로 힘들게 도착해 길을 걸어가면 문을 닫은 상점이 많아서 놀라울 수 있다. 그리고 이어진 알베르게, 이곳에는 3곳의 알베르게가 있다. 그 중간에 있는 알베르게는 광장 옆에 있는 데 이곳이 마을의 중심지이다. 저녁까지 활기찬 모습을 기대한다면 광장까지 가서 알베르게에서 숙소를 잡는 것이 좋다.

로스 아르코스(Los Arcos) 알베르게

3개의 알베르게가 있는 데 도시의 중간부분에 있는 알베르게와 광장 바로 앞에 있는 알베르게에 가장 많이 머물게 된다. 하지만 대부분의 대한민국 순례자들은 처음 보이는 알베르게로 들어간다. 힘들기 때문일까? 그런데 이곳의 알베르게는 시설이 좋은 편은 아닌데도 가격은 12€로 비싼 편이다. 룸 안에서는 와이파이도 접속이 힘들다.

10명이 2층 침대로 1개의 방을 쓰는 구조인데 침대는 청결한 편이다. 알베르게 입구에 작은 휴식 공간과 뒤에 정원이 있지만 정원은 잘 사용하는 편은 아니다. 세면대에서 빨래를 많이 하는지 한글로 정원에 있는 세면대에서 빨래를 해달라는 문구가 있다.

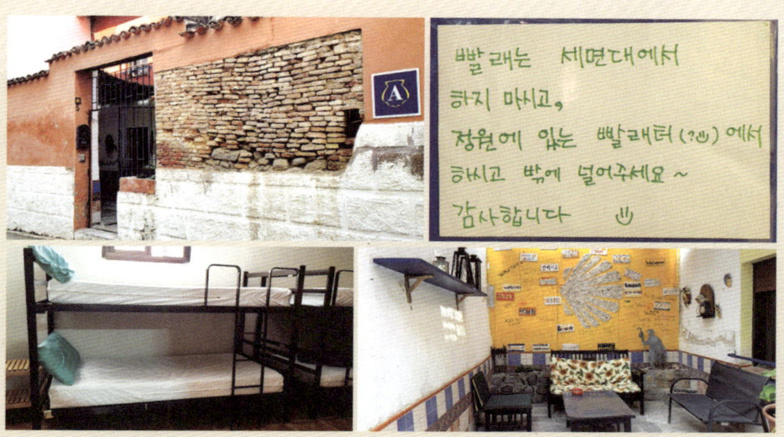

| DATE | 6

| LOCATION | 에스테야 ···▶ 로스 아르코스

| ONE'S TRAVEL SCHEDULE |

시   분 출발,   시   분 도착

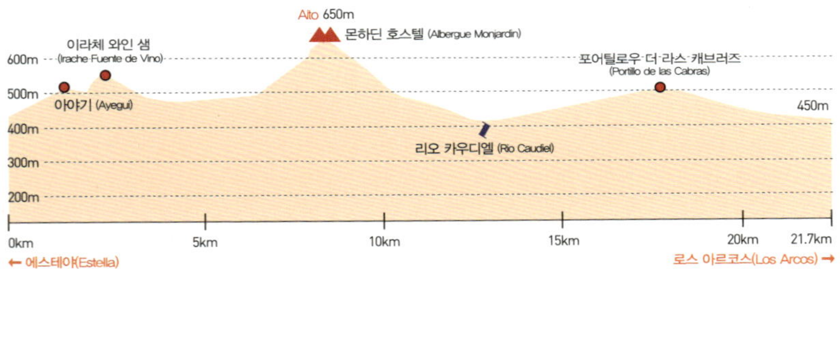

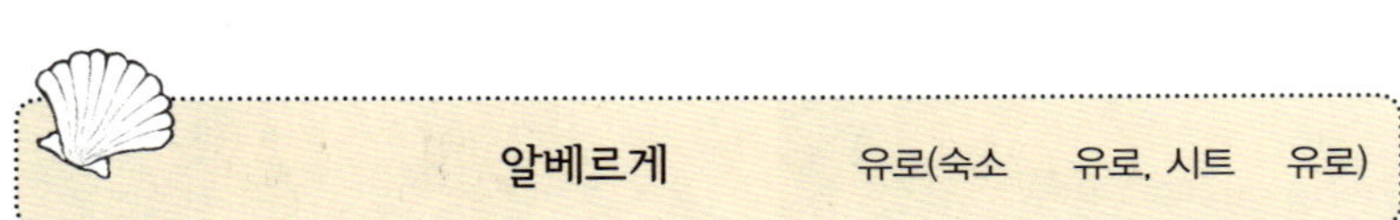

Fecha

도장 찍기

Fecha

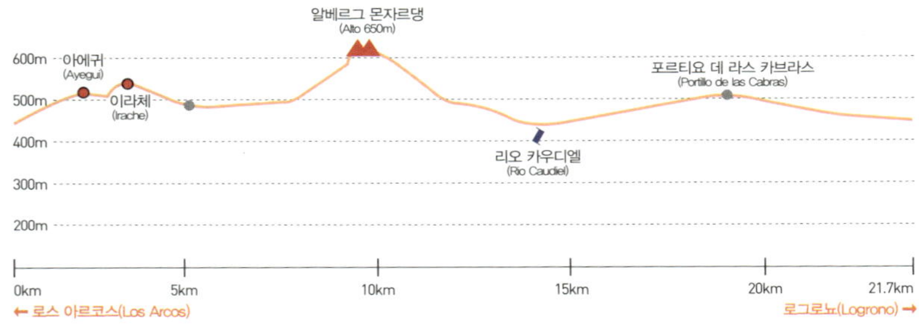

이동경로 / 27.8km

로스 아르코스(Los Arcos) – 토레스 델 리오(Torres del Rio) – 비아나(Viana) – 로그로뇨(Logrono)

대부분은 평지길 (그늘이 없는 경작지 길은 걷기 힘들다.)

전날 짧은 거리를 걷고 오늘은 긴 거리를 걷게 되어 긴장할 수도 있지만 대부분은 포도밭과 함께 하는 평지길이다. 간간이 오르막길이 있지만 그 정도는 어려울 정도는 아니다.

큰 도시인 비아나Viana와 로그로뇨Logrono를 걷기 위해서는 도시를 들어갔다가 다시 나가야 하는 어려움이 있다. 화살표를 잘 보고 걸어가면 도시를 들어가고 나가는 과정이 어렵지는 않을 것이다.

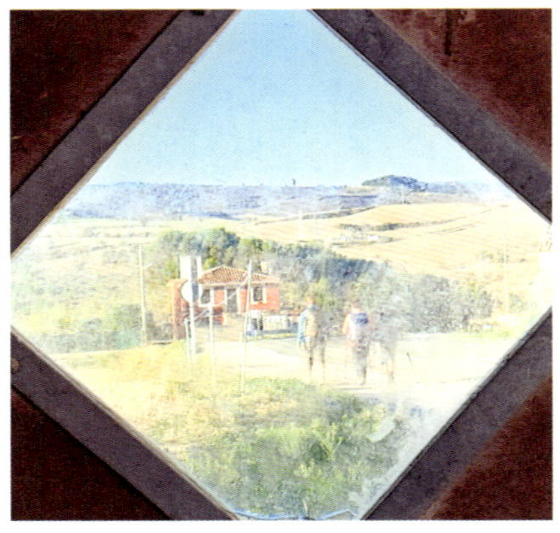

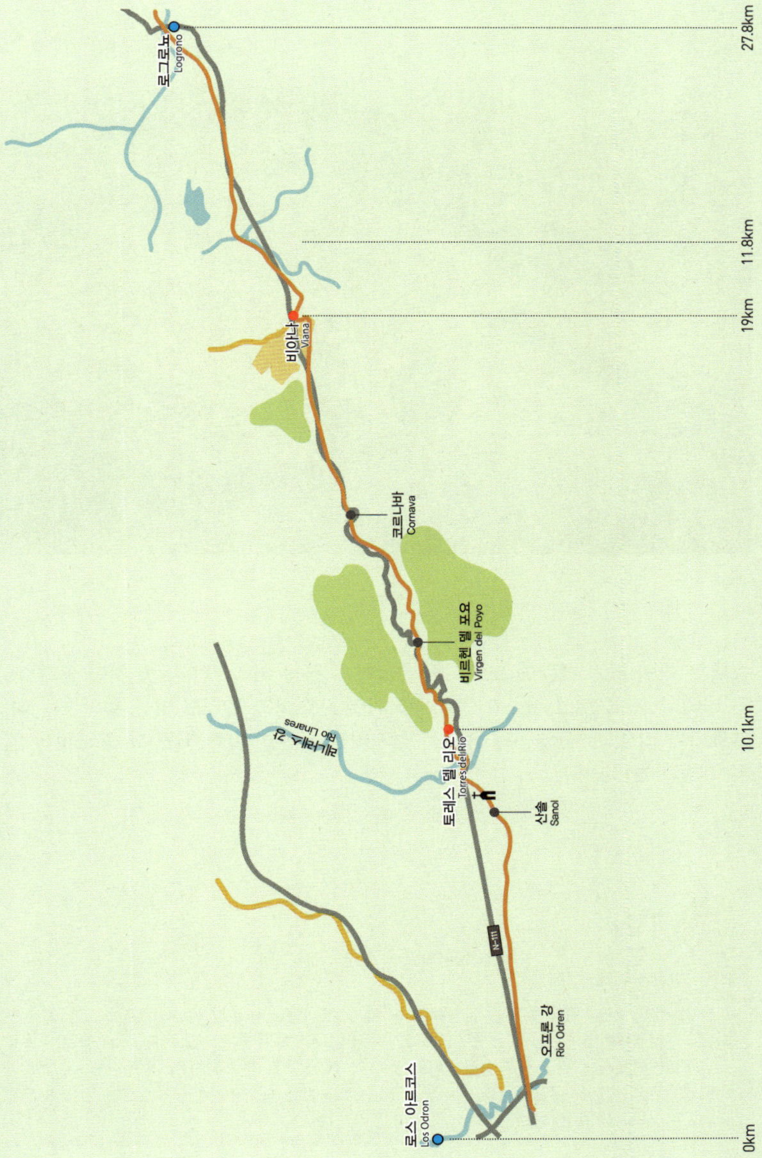

27.8km
로그로뇨
Logroño
11.8km
19km
비아나
Viana
코르나바
Cornava
비르헨 델 포요
Virgen del Poyo
10.1km
리나레스 강
Rio Linares
토레스 델 리오
Torres del Rio
산솔
Sanol
N-111
오드론 강
Rio Odron
로스 아르코스
Los Odron
0km

그늘은 거의 없기 때문에 모자. 물, 선글라스 등을 미리 챙겨두는 것이 좋다. 마지막 비아나Viana와 로그로뇨Logrono를 걸어가면 포도밭과 올리브 밭을 걸어가는 데 로그로뇨가 리오하Rioja 와인의 중요한 산지라는 사실을 알게 되면 왜 포도밭이 많은지 이해가 될 것이다.

Tip

리오하(Rioha)와인의 산지

로그로뇨(Logrono) 도시를 찾는 관광객은 한 해 300만 명이 넘는다. 한 때 프랑스 와인이 경작이 좋지 않을 때 대체지를 찾은 곳이 스페인 북부이다. 그 중에서 리오하(Riohja) 와인은 프랑스 와인을 대체하는 와인으로 성장하기도 했다. 그래서 스페인 사람들은 리오하(Rioja) 와인에 대한 자부심이 크다. 팜플로나를 떠나면서 보는 포도밭은 대부분 리오하 와인을 만들기 위한 포도밭이라고 생각하면 된다.

로그로뇨(Logrono)

스페인 최고의 와인 생산지인 로그로뇨Logrono는 리오하Rioja는 스페인 북부에서 큰 도시로 알려져 있다. 한해 약 300만 명이 찾는 관광도시이다. 이곳에는 상당히 많은 알베르게가 있다.

2번째 만나는 알베르게가 시설도 좋고 정원이 아름다워서 순례자가 대부분 찾아간다. 광장까지 이어진 거리는 약 100m 정도이므로 언제나 도시를 둘러보기 쉽다.

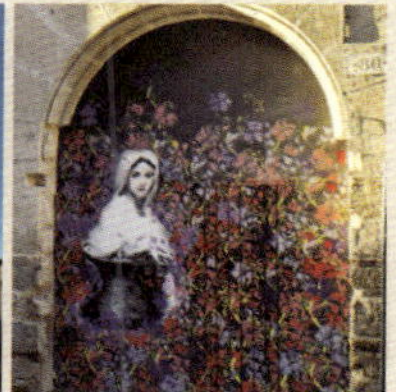

로스 아르코스(Los Arcos) 알베르게

도시의 중간부분에 있는 알베르게와 광장 바로 앞에 있는 알베르게(12€)에 가장 많이 머물게 된다. 역시 이유는 시설도 깨끗하고 정원도 아름답기 때문이다. 하지만 여름에는 경쟁이 치열하므로 미리 예약을 하는 순례자도 많다.

아니면 처음으로 만나는 산티아고 아포스톨 알베르게(12€)를 찾는 경우도 많다. 시설은 나쁘지 않으나 여름이 아니면 순례자가 아닌 사람들이 있어서 대한민국 순례자들은 꺼려 한다. 12명이 같은 룸에서 지내고 샤워실과 세면대는 붙어 있다. 룸 안에서는 와이파이도 접속이 힘들다.

| LOCATION | 로스 아르코스 ···▶ 로그로뇨

| ONE'S TRAVEL SCHEDULE |

시   분 출발,   시   분 도착

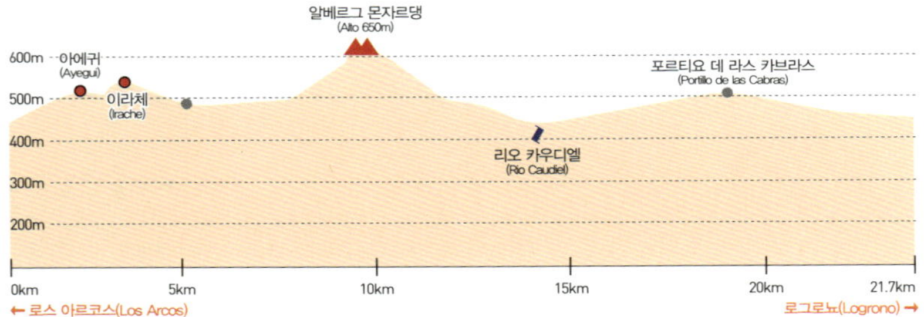

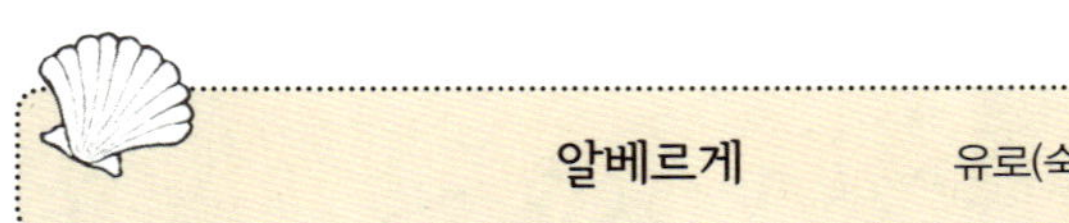

도장 찍기

Fecha

8일차 로그로뇨에서 나헤라까지 - 29.4km

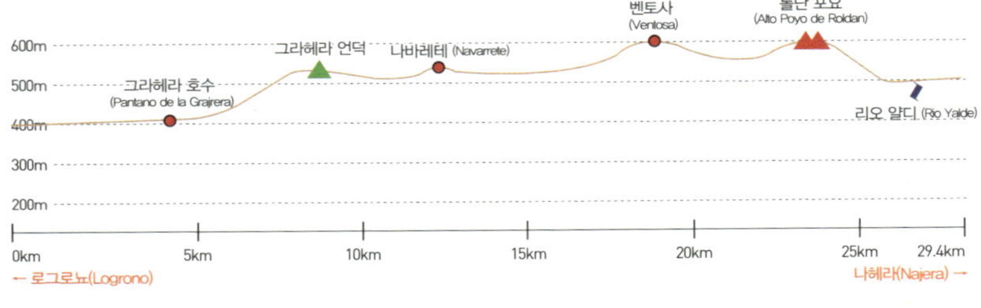

이동경로 / 29.4km

로그로뇨(Logrono) – 그라헤라 호수(Pantano de la Grajrera) – 나바레테
(Navarrete) – 벤토사(Ventosa) – 나헤라(Najera)

평지길 (걷는 거리가 길어서 힘들다.)

로그로뇨 시가지를 나올 때 아침 일찍 출발하면 혼동되는 경우가 많다. 표지판 자체도 많지 않고 시각적으로 보이지 않아서 길을 잘못 들어가는 경우도 발생한다.

특히 오늘처럼 긴 거리를 걸어야 할 때는 잘못 들어가는 길이 발생하면 실망감이 커진다. 로그로뇨 시내를 나와서 초등학교 오른쪽으로 나가는 표지판을 잘보고 걸어야 한다. 이때부터 그라헤라 저수지까지 표지

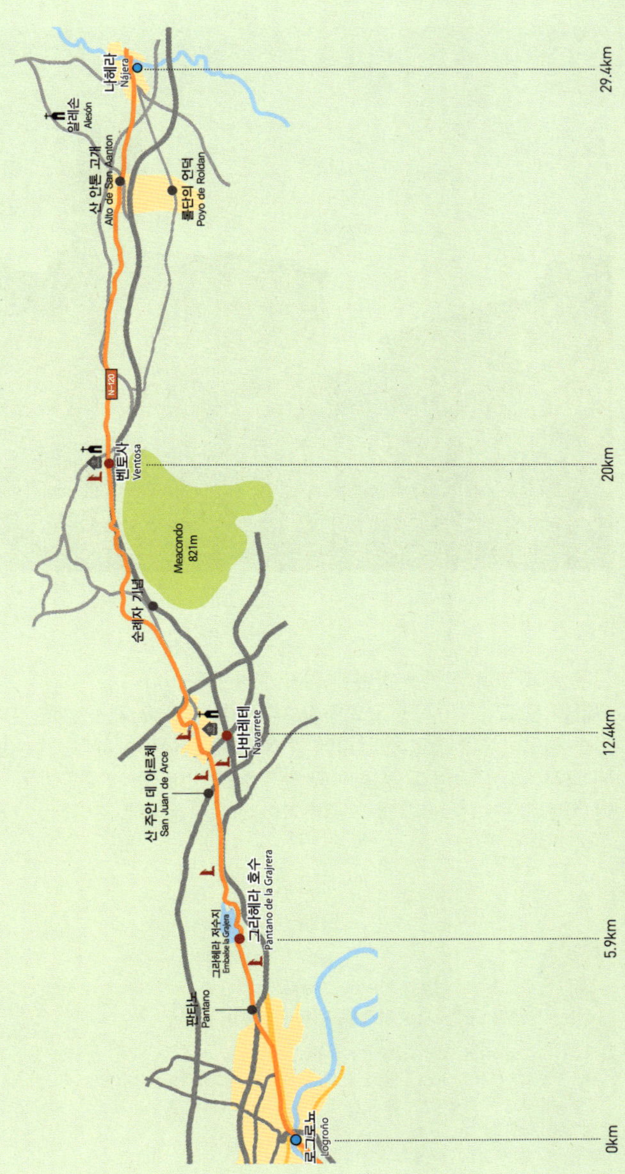

나헤라
Nájera
29.4km
알레손
Alesón
산 안톤 고개
Alto de San Aanton
롤단의 언덕
Poyo de Roldan
N-120
벤토사
Ventosa
20km
Meacondo 821m
순례자 기념
나바레테
Navarrete
12.4km
산 주안 데 아르체
San Juan de Arce
그라헤라 호수
Pantano de la Grajrera
그라헤라 저수지
Embalse la Grajera
판타노
Pantano
5.9km
로그로뇨
Logroño
0km

판은 거의 없고 직진을 하면서 걸어야 하는 곳이다.

간간이 오르막길이지만 오르막길보다 그늘이 없고 걷는 길을 혼동하여 다시 돌아
가는 경우 심리적으로 실망감에 걷기가 힘들어질 수 있다. 그늘은 거의 없기 때문
에 모자. 물, 선글라스 등을 미리 챙겨두는 것이 좋다. 포도밭은 옆에 계속 보이지
만 낭만적인 마음보다 빨리 걸어가야겠다는 생각에 조바심이 나는 것이 더 걷기
힘들어질 수 있다.

Tip

걷는 거리가 길면 기본적으로 힘든 구간이다.

오늘 걷는 거리를 보면 29.4km이다. 걷는 거리가 길다는 것은 자체로 힘들고 걷는 시간이 길
어진다. 그러므로 사전에 물과 간식을 준비해 힘들 때를 대비해야 한다. 오늘부터 힘들어서 견
지지 못하고 택시를 타는 순례자가 늘어난다. 그래서 순례길 곳곳에 택시 전화번호가 적혀있는
광고를 자주 볼 수 있다.

푸에르타 데 나헤라(Puerte de Najera) 알베르게

구시가지 입구에 있는 알베르게는 입구에 있어서 상당히 반가운 알베르게이다. 부부가 운영하는 사설 알베르게는 시설이 좋지 않지만 아기자기하게 잘 꾸며놓은 알베르게로 일반 게스트하우스처럼 보인다. 15€인 가격이 비싸기도 하지만 다른 선택의 여지가 없다. 친절하고 아기자기한 내부 인테리어에 만족하면서 머물자. 여름철에는 경쟁이 치열하므로 미리 예약을 하는 순례자도 많다.

6명이 같은 룸에서 지내는데 옆의 방도 열려있어서 18명이 한꺼번에 지내는 구조이다. 샤워실과 세면대는 복도를 지나가야 하고 개수가 적은 것이 흠이다.

| LOCATION | <u>로그로뇨</u> ⋯→ 나헤라

| ONE'S TRAVEL SCHEDULE |

시   분 출발,   시   분 도착

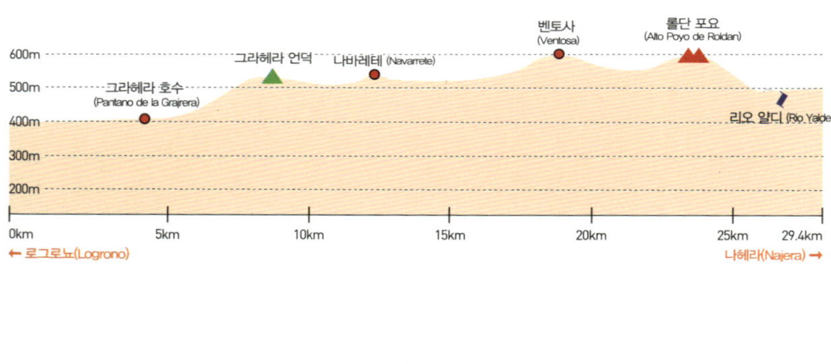

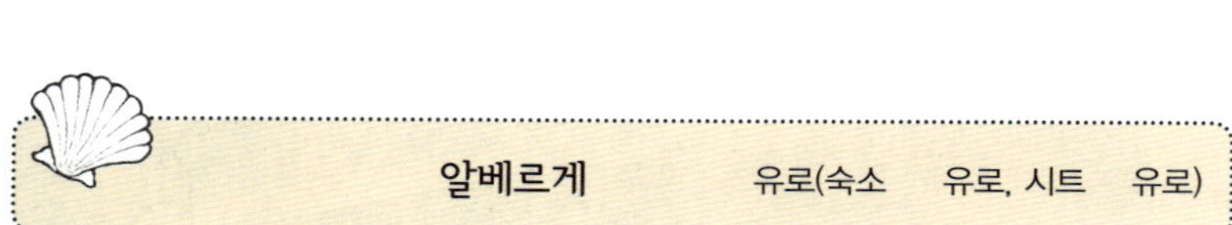

도장 찍기

Fecha

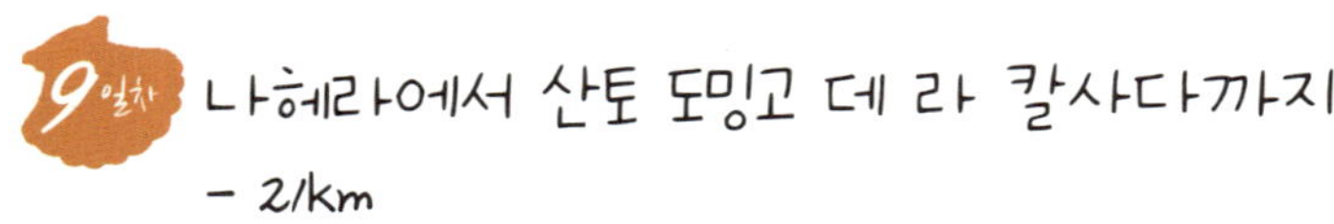

9일차 나헤라에서 산토 도밍고 데 라 칼사다까지 - 21km

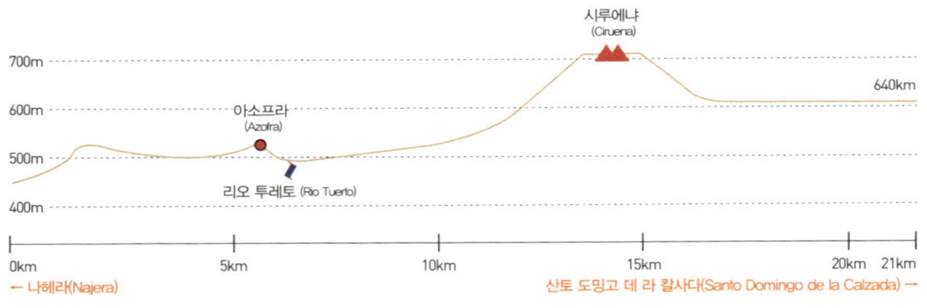

이동경로 / 21km

나헤라(Najera) – 아소프라(Azofra) – 시루에냐(Ciruena) – 산토 도밍고 데 라 칼사다(Santo Domingo de la Calzada)

사진 찍는 길 (산티아고 순례길 걷는 사진은 여기)

매년 많은 산티아고 순례길 에세이가 출간된다. 그 책 중에 많은 사진이 오늘 걷는 구간에서 보일 것이다. 스페인 북부의 와인 산지인 포도밭은 계속 이어진다.
봄에는 유체꽃이 노랗게 이어지고 가을에는 포도 수확이 이루어진다. 오늘도 경작지 사이로 걸을 때는 그늘이 없지만 사진을 찍기 좋은 구간이 많아서 지루하지는 않을 것이다.

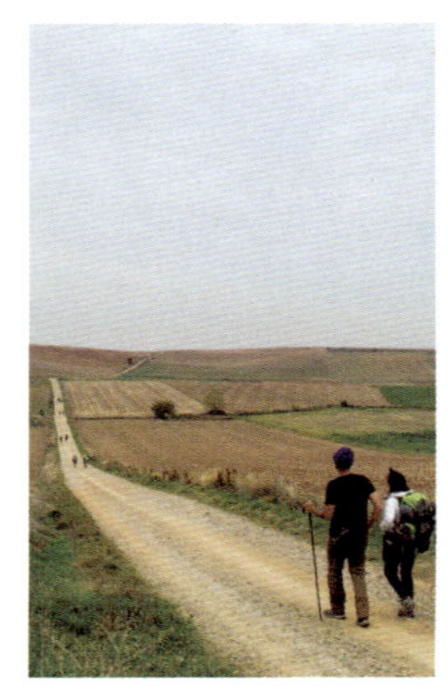

그늘은 거의 없기 때문에 모자. 물, 선글라스 등을 미리 챙겨두는 것이 좋다. 포도밭은 옆에 계속 보이지만 낭만적인 마음보다 빨리 걸어가야겠다는 생각에 조바심을 낼 필요가 없다. 걷는 거리가 21㎞로 짧은 편이다.

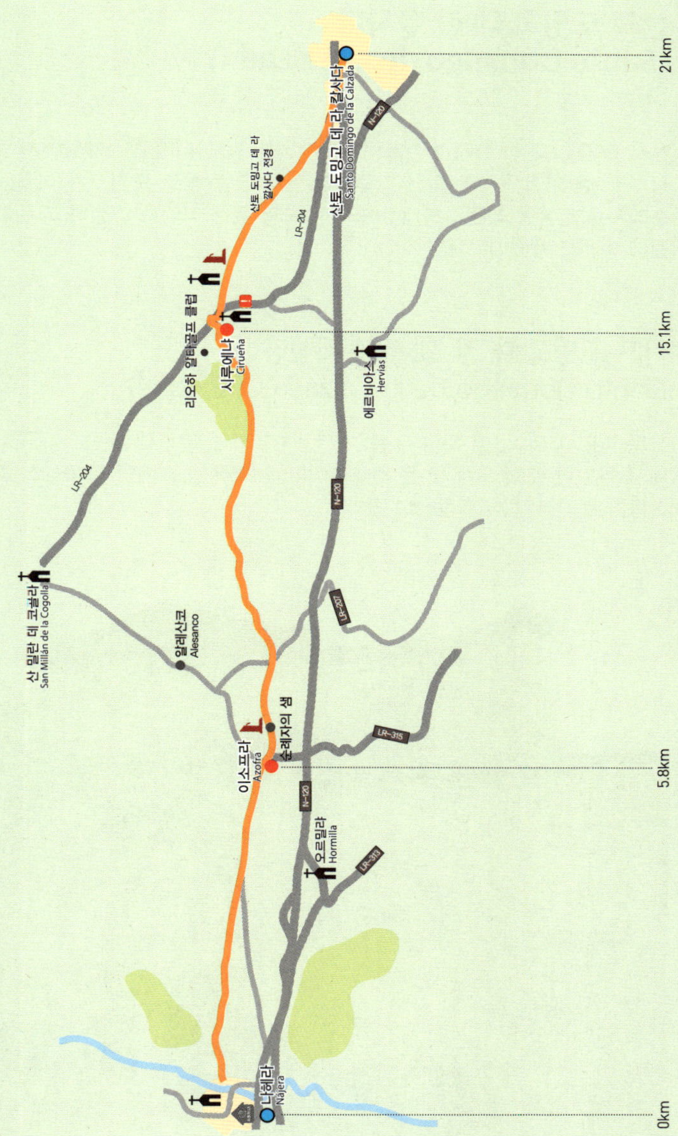
21km
15.1km
5.8km
0km
산토 도밍고 데 라 깔사다
Santo Domingo de la Calzada
N-120
산토 도밍고 데 라 깔사다 전경
LR-204
리오하 알테르프로
시루에냐
Cirueña
에르비아스
Hervias
산 밀란 데 코골랴
San Millán de la Cogolla
LR-204
N-120
LR-207
알레산코
Alesanco
이소프라
Azofra
순례자의 샘
LR-315
우르밀랴
Hormilla
N-120
LR-313
나헤라
Nájera

산토 도밍고 데 라 칼사다
(Santo Domingo de la Calzada)

산토 도밍고 데 라 칼사다^{Santo Domingo de la Calzada}는 산티아고 순례길에서 중요한 오하강^{Rio Oja} 유역에 위치한 작은 마을이다. 신부였던 산토 도밍고가 마을을 건설하고 순례자들의 통행을 편리하게하기 위해 도로 위에 다리를 건설하고, 순례자가 가는 길에 병원을 세웠다.

산토 도밍고 데 라 칼 사다 대성당
(Santo Domingo de la Calzada Cathedral)

산토 도밍고 데 라 칼 자다 대성당^{Santo Domingo de la Calzada} 대성당은 리오하 지역^{La Rioja}에서 유일한 교회 요새가 된 건축물이다. 내부에는 스페인 르네상스 조각의 가장 아름다운 작품인 제단 장식이 있다.

기적의 수탉과 암탉

전설에 따르면 도밍고 가르시아^{Domingo García}는 실수로 고발된 순례자가 치킨을 날려서 무죄하다는 것을 증명했다. 지금도 대성당에는 항상 살아있는 수탉과 암탉이 있다.

타워

산토 도밍고 데 라 칼 자다 대성당^{Santo Domingo de la Calzada Cathedral}이 가지고 있던 3개의 탑 중 3번째입니다. 첫 번째 로마네스크 양식은 13세기 중반에 화재로 파괴되었고 두 번째는 고딕 양식으로, 세 번째는 바로크 양식으로 파괴되었다.

이 탑은 대성당의 몸체에서 분리된 탑으로 70m 높이의 리오하지방에서 가장 높은 타워라고 할 수 있다.

산토 도밍고 데 라 칼사다 알베르게
(Santo Domingo de la Calzada)

구시가지 입구에 있는 알베르게는 구시가지의 중앙에 있지만 도시가 작아서 어렵지 않게 찾을 수 있다. 이 알베르게는 시설이 좋고 규모도 크다. 11€로 가격도 적당하고 프런트의 할아버지는 친절하고 한국말도 간단하게 구사한다.

18명이 같은 룸에서 지내는데 현재 거리두기로 2층의 침대는 비워서 한 방에 9명이 같이 지낸다. 2층에는 휴게실이고 3층에는 룸과 화장실, 샤워실이 있다. 산티아고 순례길에서 이만한 알베르게를 찾기는 힘들 것이다.

| LOCATION | 나헤라 ···▶ 산토 도밍고 데 라 칼사다

| ONE'S TRAVEL SCHEDULE |

시 분 출발, 시 분 도착

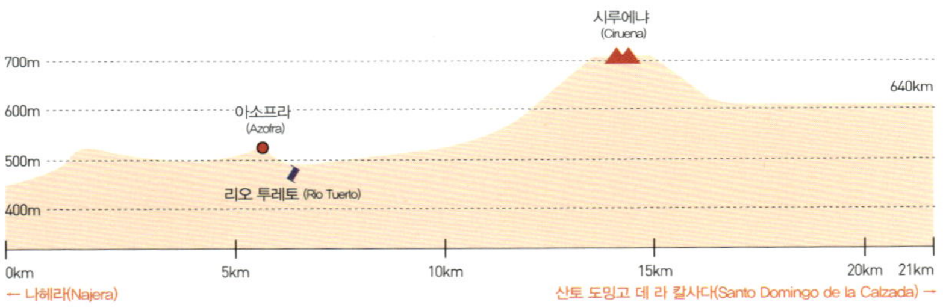

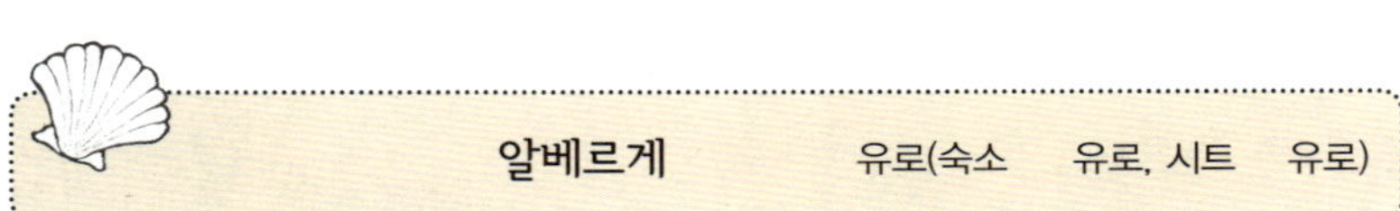

도장 찍기

Fecha

산토 도밍고 데 라 칼사다에서 벨로라도까지
– 23.9km

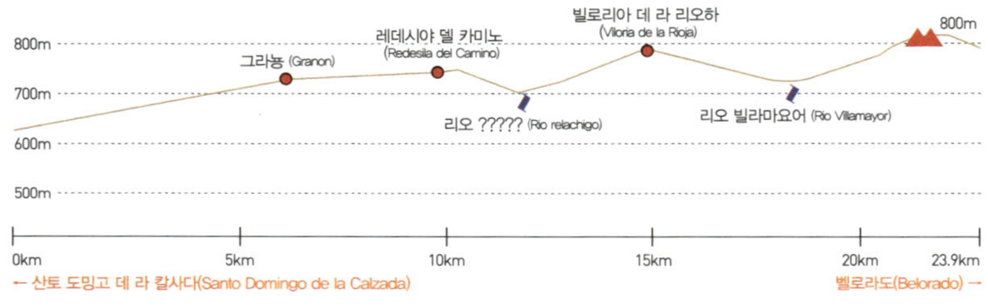

이동경로 / 23.9km

산토 도밍고 데 라 칼사다(Santo Domingo de la Calzada) – 그라뇽(Granon) – 레데시야 델 카미노(Redesila del Camino) – 빌로리아 데 라 리오하(Viloria de la Rioja) – 비야마요르 델 리오(Villamayor del Rio) – 벨로라도(Belorado)

평지길 (평탄한 길로만 걷는다.)

산토 도밍고 데 라 칼사다Santo Domingo de la Calzada에서 벨로라도Belorado까지 이어진 도로가 N-120도로인데 이 도로 옆을 대부분 걸어 벨로라도Belorado로 들어간다. 그 사이에 벨로라도Belorado는 리오하 주와 카스티야 이레온 주의 경계선이다.

오늘은 평지길이 대부분이라서 순례자와 가장 많이 이야기하면서 걸을 수 있는 구간으로 서로의 친밀도는 더욱 높아진다. 포도밭의 경작지가 나오는 도로를 12㎞ 정도 걸어가면 이제 N-120도로의 옆으로 걷는 다는 것만 기억하자. 도로 옆을 걷는데, 절대 오른쪽으로 도로를 가로질러 가는 경우는 없으니 도로를 오른쪽으로 끼고 계속 걷기만 하면 된다.

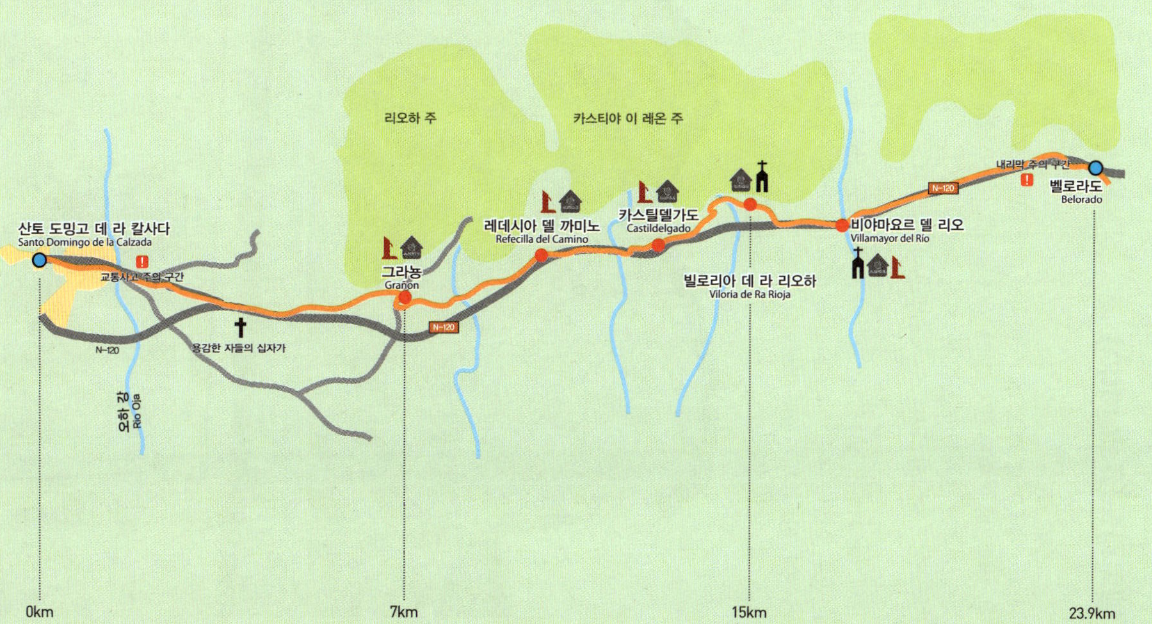
리오하 주
카스티야 이 레온 주
산토 도밍고 데 라 칼사다
Santo Domingo de la Calzada
교통사고 주의 구간
N-120
용감한 자들의 십자가
어하 강
Rio Oja
그라뇽
Grañon
N-120
레데시아 델 까미노
Refecilla del Camino
카스틸델가도
Castildelgado
빌로리아 데 라 리오하
Viloria de Ra Rioja
비야마요르 델 리오
Villamayor del Río
내리막 주의 구간
N-120
벨로라도
Belorado
0km
7km
15km
23.9km

벨로라도(Belorado)

에브로 계곡에서 고원으로 이어지는 자연적인 통로를 통제하기 위해 로마 시대에 강 건너편에 언덕을 만들고 그 밑에 도시가 건설되었다. 좁고 구불구불한 구시가지의 거리는 성벽 안에 살았던 시기, 그대로 남아있다. 중세에 벨로라도는 농업과 가축 산맥 사이의 교차로로 사용되던 마을이었다.

17세기에 지어진 산 페드로 교회와 무덤이 있는 산타 마리아 교회는 16세기의 제단이 있는 하코빈^{Jacobean} 예배당이 유명하다. 오래된 순례자 병원이 있던 수도원은 18세기에 재건되어 지금에 이르렀다.

벨로라도(Belorado) 알베르게

구시가지 입구에 있는 알베르게는 산 페드로 교회와 붙어 있어 알베르게인지 혼동되기도 한다. 반드시 입구에 있는 알베르게 글자를 확인하고 입장하면 된다. 광장과 떨어져 있지만 도시가 작아서 어렵지 않게 찾을 수 있다. 이 알베르게는 기부로 운영이 되는 알베르게로 교회 왼쪽의 시설을 사용하고 있다. 당연히 건물은 오래되어 낡았다는 인상을 받는다. 오래전 많은 알베르게가 같은 시설이었다.

무료로 운영하지만 공립 알베르게의 가격인 6€(시트 1€제외) 정도를 기부하고 사용하는 것이 좋을 것 같다. 프런트의 할아버지는 친절하고 휴게실 사용을 잘 알려준다. 1층에 있는 화장실, 샤워실은 시설이 개선되었다는 인상을 받을 것이다.

| LOCATION | 산토 도밍고 데 라 칼사다 ⋯→ 벨로라도

| ONE'S TRAVEL SCHEDULE |

시   분 출발,   시   분 도착

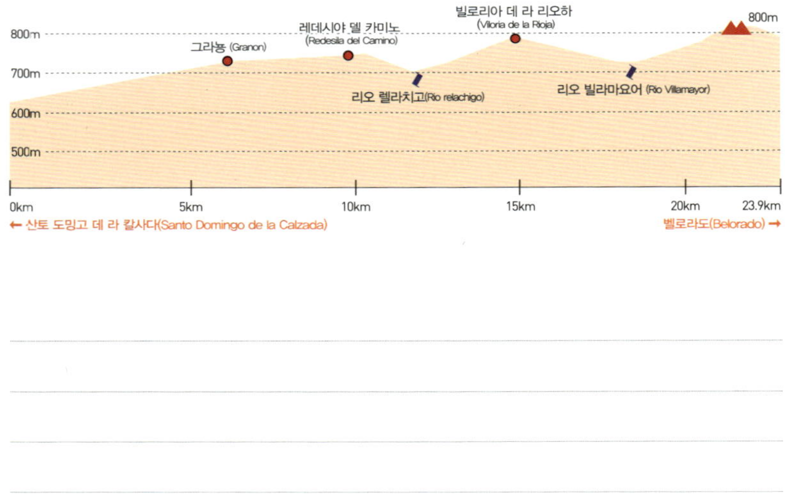

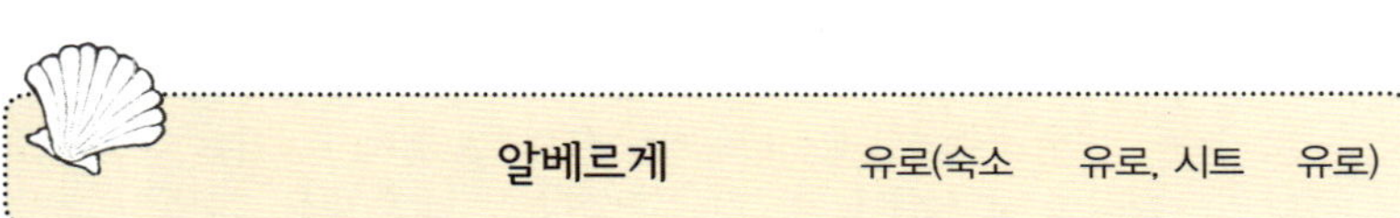

도장 찍기

Fecha

*11*일차 벨로라도에서 아헤스까지 - 27.7km

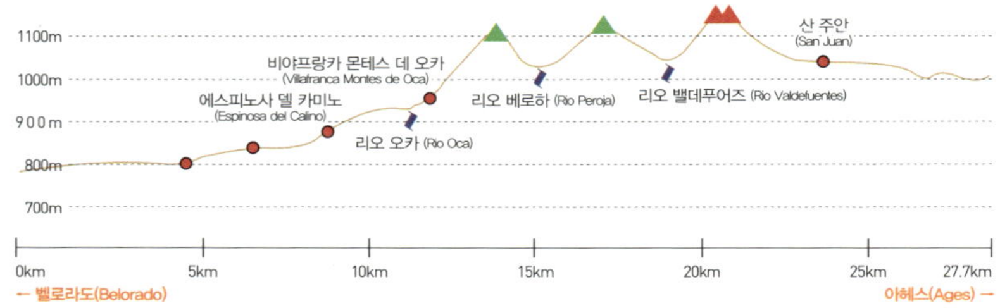

평지길 (평탄한 길이지만 걷는 거리가 길다.)

오늘은 먼저 걷는 거리가 길기 때문에 오랜 시간 동안 서 있어야 한다는 사실을 인
지하고 걷기 시작하는 것이 좋다. 또한 마을이 나타나도 먹을 카페나 바Bar가 없을
수도 있으니 사전에 먹거리도 준비하자.

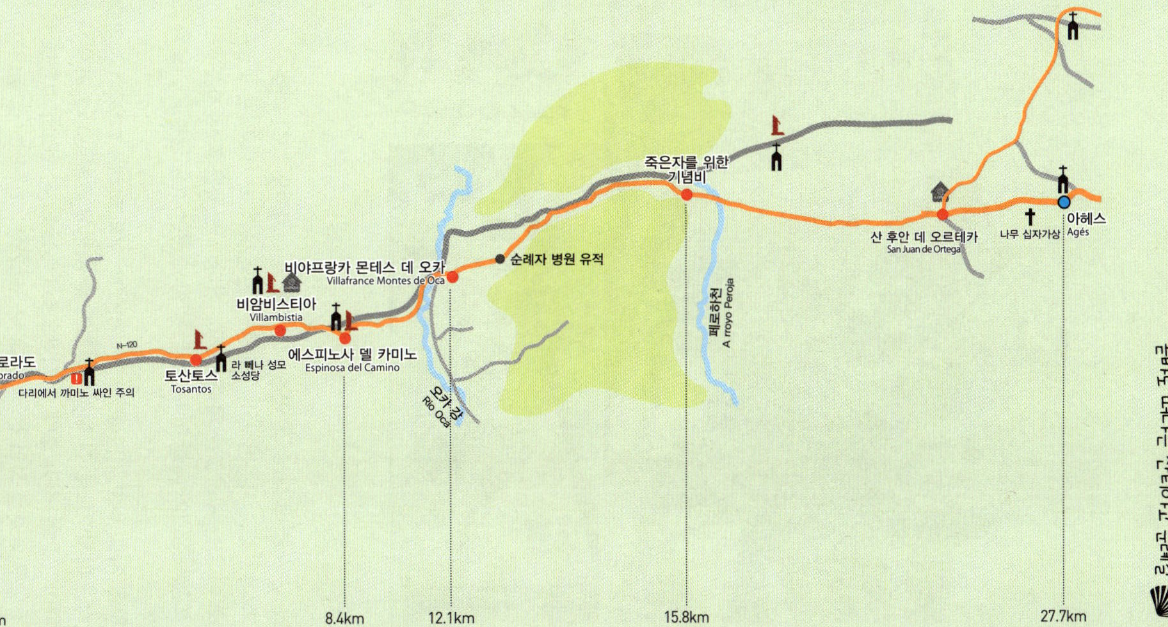
죽은자를 위한
기념비
아헤스
Agés
나무 십자가상
산 후안 데 오르테카
San Juan de Ortega
페롤하천
A rroyo Peroja
순례자 병원 유적
비야프랑카 몬테스 데 오카
Villafrance Montes de Oca
비얌비스티아
Villambistia
라 뻬냐 성모
소성당
에스피노사 델 카미노
Espinosa del Camino
오카강
Rio Oca
벨로라도
Belorado
다리에서 까미노 싸인 주의
N-120
토산토스
Tosantos
0km
8.4km
12.1km
15.8km
27.7km

N-120도로 옆으로 나 있는 시골길을 걸어가기도 하고 마을이 나타나면 마을을 통과하는 길로 이동한다. 비야프랑카 몬데스 데 오카부터는 오르막길과 소나무 숲 길로 나 있는 시골길을 계속 걸어야 한다. 사람들은 죽은 자를 위한 기념비가 나오면 프랑코 정권에 대해 이야기하면서 잠시 걷던 길을 멈추고 기도를 하고 지나간다.

죽은 자를 위한 기념비Monumento a los Caidos부터 아헤스Ages까지의 약12km는 어렵지 않지만 마지막으로 길게 걸어야 하므로 사전에 초콜릿이나 과자 등을 준비해 출출할 때마다 먹는 것이 좋다. 마지막으로 1,100m의 페드라하 고개로 올라가면 이어지는 소나무 숲길을 걸어 산 후안 데 오르테가San Juan de Ortega로 들어간다. 숲을 나와 경작지를 걸어 내리막길을 건너면 마지막 지점인 아헤스Ages로 갈 수 있다.

아헤스 알베르게

아헤스 마을 입구에 있는 알베르게는 작은 호텔이나 호스텔을 알베르게로 개조한 듯하다. 들어가면 프런트는 따로 없고 식당에 주인이 위치해 프런트 역할을 한다. 12유로로 적당한 가격이다. 주인은 츤데레 스타일로 순례자들에게 혜택을 주려고 노력하고 있다.

작은 건물에 1층에는 식당과 휴게실이 있고 입구 앞에도 노천 테이블이 몇 개 있다. 뒤에는 작은 뜰도 갖춰져 있다. 2층에는 4개의 방에 2층침대 2개가 들어가 있고 방 안에 화장실과 샤워실이 구비되어 있다. 시설은 깔끔하지만 침대가 붙어 있어 잠잘 때 불편하다.

| DATE | 11

| LOCATION | 벨로라도 ⋯▶ 아헤스

| ONE'S TRAVEL SCHEDULE |

시   분 출발,   시   분 도착

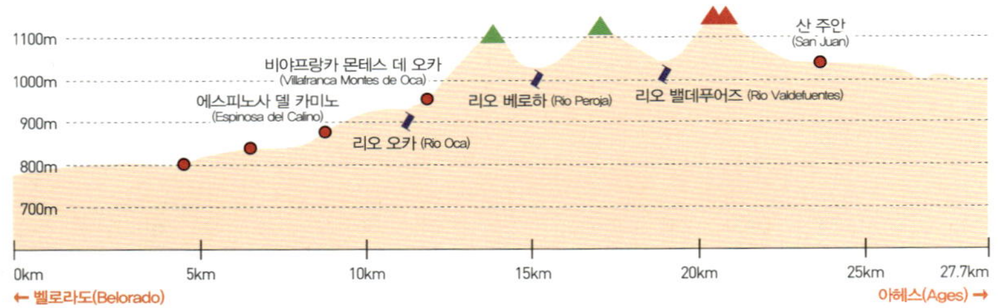

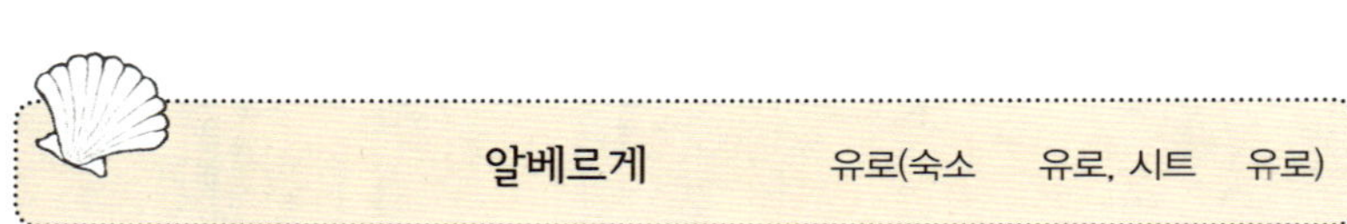

"

도장 찍기

Fecha

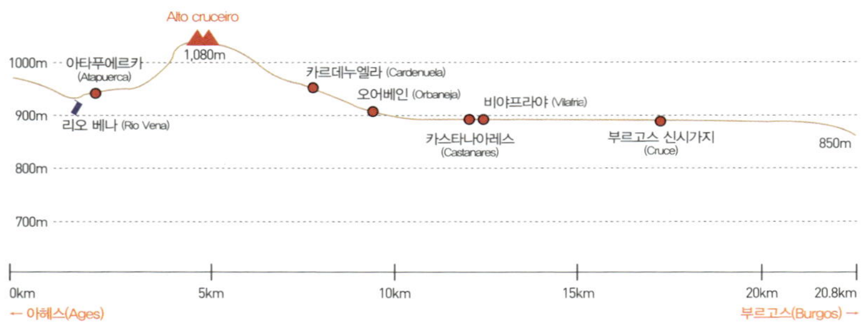

이동경로 / 20.8km

아헤스(Ages) – 아타푸에르카(Atapuerca) – 카르데누엘라(Cardenuela) – 비야프라야(Vilafria) – 부르고스 신시가지(Cruce) – 부르고스(Burgos)

부르고스 시내로 들어가는 길 (시내가 가까울 것 같지만 가깝지 않다.)

오늘 걷는 구간은 정말 지루하다. 어제 27km를 넘게 걸었기 때문에 체력도 부담이 되는 데, 오늘의 구간은 스페인 북부의 대도시인 '부르고스Burgos'를 들어가야 하기 때문에 걷는 거리의 대다수는 부르고스Burgos에 접근하는 거리이다.

그렇다고 부르고스를 포기하기에는 '부르고스Burgos'가 너무 아름다운 도시이므로 포기할 수 없다. 차량과 인접하여 걷기 때문에 걸으면서 차도로 들어가서 차량을 못 보는 상황을 조심해야 한다.

또한 화살표를 잘 보지 않으면 다른 도로

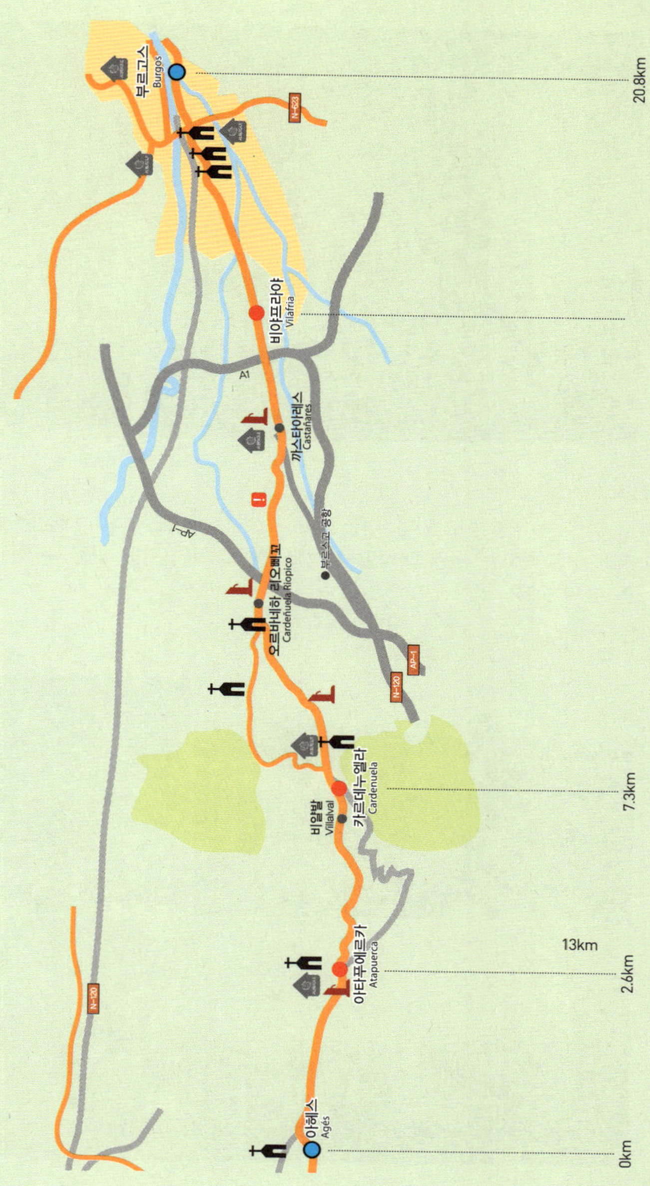
부르고스
Burgos
N-623
20.8km
비야프리아
Vilafria
A1
까스타냐레스
Castañares
AP1
부르고스 공항
오르바네하 리오삐꼬
Cardeñuela Riopico
N-120
AP-1
카르데누엘라
Cardeñuela
비얄발
Villalval
7.3km
N-120
아타푸에르카
Atapuerca
13km
2.6km
아헤스
Agés
0km

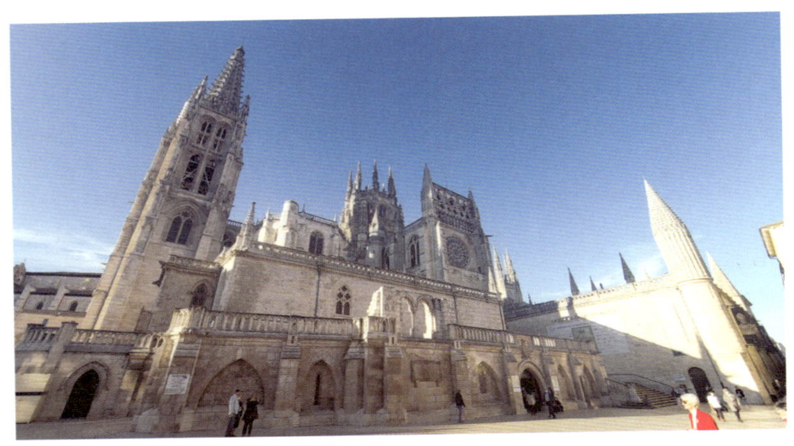

로 잘못 들어설 수도 있다. 다만 부르고스^{Burgos}에 도착하여 대성당 옆에 있는 알베르게에 도착하는 순간 대성당을 보면서 오늘의 피로를 잊을 수 있을 만큼 매력적인 도시가 기다리고 있다.

부르고스(Burgos)

부르고스Burgos는 여름이 덥고 겨울에는 눈이 많이 내리고 아침 최저 기온이 거의 영하로 내려간다. 일교차가 커서 가을이 되면 춥다고 느끼다가 어느새 덥다고 한다. 부르고스Burgos에는 인류 진화 박물관, 부르고스 박물관, 도서 박물관 등 10곳의 박물관이 있는 스페인 북부 문화의 도시이자 경제의 도시로 부유한 도시로 알려져 있다. 교역과 관광의 중심지이자 2차 산업이 발달하여 밀을 주로 생산하는 스페인 북부의 대표 도시이다. 그래서 부르고스Burgos는 스페인의 다른 지역에 비해 부유하다.

고대 교회와 수녀원이 많은 역사의 도시이기도 하다. 현재 유네스코 세계 문화유산으로 지정된 부르고스 고딕 대성당은 1221년 건축이 시작되어 13, 15세기에 확장 공사를 하여 지금에 이르렀고, 앞면의 성당 모습은 프랑스 파리의 노트르담 성당과 비슷하다. 라스우엘가스 수도원은 1180년 알폰소 8세 때 고딕 양식으로 지어졌다가 새로운 양식의 건물과 장식이 계속 덧붙여졌다. 카르투지오 수도원인 미라플로레스 수도회 건물은 구시가지에서 4㎞ 떨어져 있다.

부르고스 공립 알베르게(Albergue de peregrinnos Casa del Cubo de Burgos)

부르고스Burgos 공립 알베르게는 규모가 크고 대성당 옆에 있어 순례자가 쉽게 찾아갈 수 있다. 다만 밤 10시가 넘으면 가차 없이 와이파이도 끊고 소등을 시키고 문을 잠가버린다. 깔끔하게 꾸며진 알베르게는 부르고스에 들어서는 순례자는 모두 만나는 것처럼 느껴질 정도로 크다.

또한 부르고스 대성당 옆에 있고 앞에는 바비아Babia 카페가 있는 데 순례자에게 맞는 메뉴도 순례자는 다른 장소를 가지 않고 이곳에서 모든 식사와 끼니를 해결하는 듯하다. 10€ 가격도 저렴하고 프런트의 직원은 친절하고 설명을 잘 해주는 데, 순례자들에게 혜택을 주려고 노력한다고 느낄 수 있다.

바비아(Babia) 카페

알베르게 정면에 있는 카페는 내부가 넓고 노천 테이블도 상당히 많다. 순례자에게 맞는 메뉴와 저렴한 점심과 저녁 식사를 제공하여 순례자에게는 고마운 장소이다. 대부분의 순례자가 헤어졌다가 다시 부르고스 알베르게에서 만나기 때문에 항상 이 카페에서 만나 그동안 자신의 순례 이야기를 풀어놓는다. 직원들도 상당히 친절하고 서빙도 빠른 편이다.

| LOCATION | 이헤스 ···▸ 부르고스

| ONE'S TRAVEL SCHEDULE |

시   분 출발,   시   분 도착

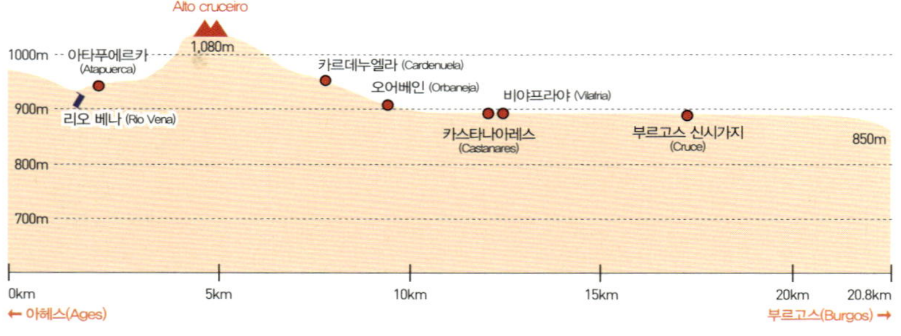

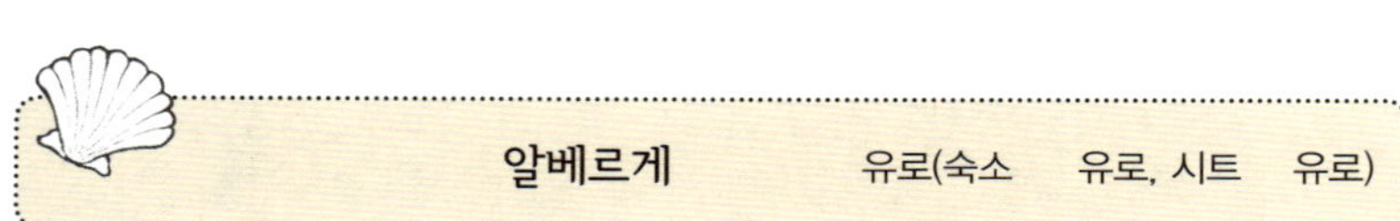

도장 찍기

Fecha

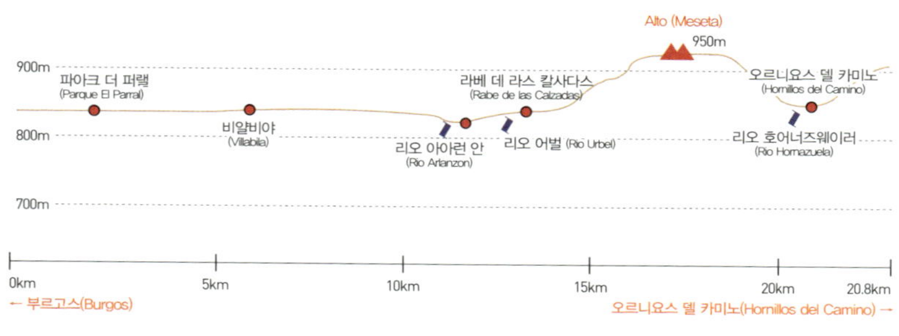

> **이동경로 / 20.5km**
>
> 부르고스(Burgos) – 비얄비야(Villabila) – 타르다호스(Tardajos) – 라베 데 라스 칼사다스(Rabe de las Calzadas) – 오르니요스 델 카미노(Hornillos del Camino)

평지길 (바람이 강하다.)

부르고스 시내에서 산티아고 순례길을 따라 가는 것은 표시가 잘 되어 있지 않아서 혼동된다. 그러므로 사전에 가는 위치를 확인하고 출발할 필요가 있다. 부르고스 대성당의 오른쪽 길을 따라 걸어가야 한다. 이후에 우엘가스 수도원, 파랄 공원, 부르고스 대학교를 지나간다. 이후에는 고가를 넘고 도로(N–120) 밑으로 이어진 도로(A–231)를 따라 가는 데, 표시가 잘 되어 있어 이동이 어렵지 않다.

이후에 라베 데 라스 칼사다스부터 스페인

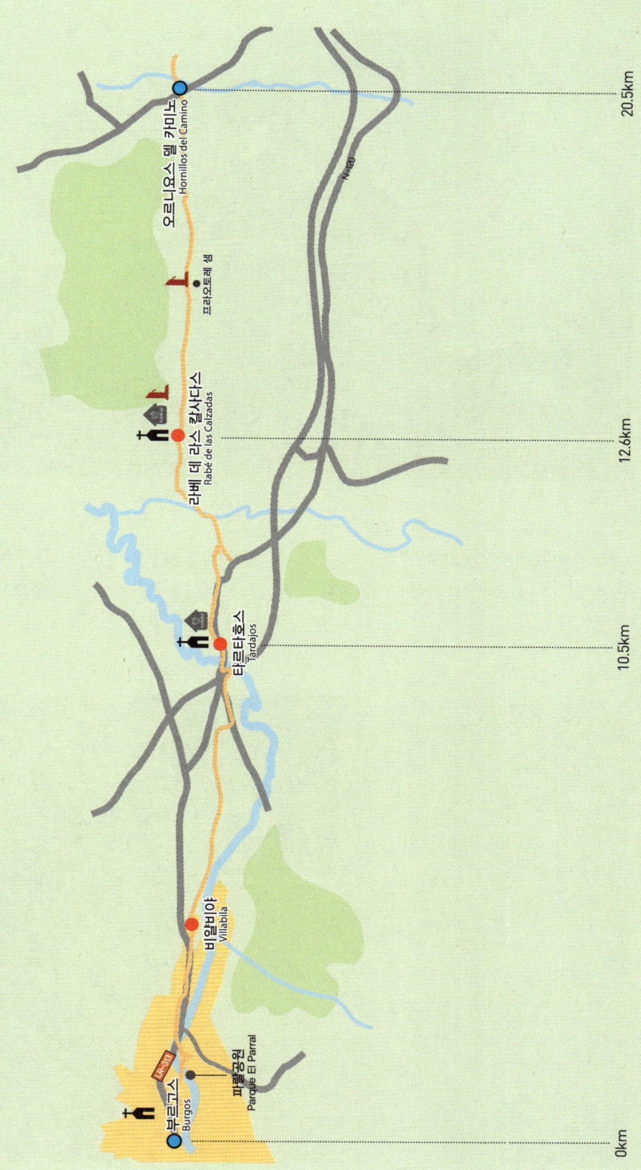

20.5km
오르니요스 델 카미노
Hornillos del Camino
N-120
프라오토레 샘
라베 데 라스 칼사다스
Rabé de las Calzadas
12.6km
타르다호스
Tardajos
10.5km
비얄비야
Villalbilla
N-36
파랄공원
Parque El Parral
부르고스
Burgos
0km

125

북부의 메세타 평야지대를 걷는다. 오르막이 있지만 완만하여 걷는 것은 어렵지 않으나 그늘이 없어서 사전에 모자, 물, 간식 등을 챙기는 것이 좋다.

오르니요스 델 카미노(Hornillos del Camino) 알베르게

오르니요스 마을 입구에 있는 알베르게는 왼쪽과 오른쪽에 2곳이 있다. 왼쪽에는 엘 알파르El Alfar 알베르게와 오른쪽에 미팅 포인트Meeting Point 알베르게가 있다. 엘 알파르El Alfar 알베르게는 부부가 운영하는 게스트하우스 분위기이고 오른쪽의 미팅 포인트Meeting Point 알베르게는 전문 호텔 같은 느낌으로 더 크다.

2곳 다 시설도 깔끔하고 편의시설도 잘 되어 있다. 또한 10€를 내면 저녁식사에 와인까지 제공하므로 주변의 레스토랑을 찾을 필요가 없다. 알베르게 뒤에는 작은 뜰까지 있으니 쉬는 곳으로 부족함이 없다. 주인이 친절해 저녁식사와 함께 대화를 하면서 지낸다. 12유로로 적당한 가격이다. 1층에는 식당과 휴게실이 있고 2층에는 3개의 방에 4, 6, 10명이 잘 수 있는 2층 침대가 들어가 있고 화장실과 샤워실이 구비되어 있다.

| DATE | 13

| LOCATION | 부르고스 ⋯▶ 오르니요스 델 카미노

| ONE'S TRAVEL SCHEDULE |

시   분 출발,   시   분 도착

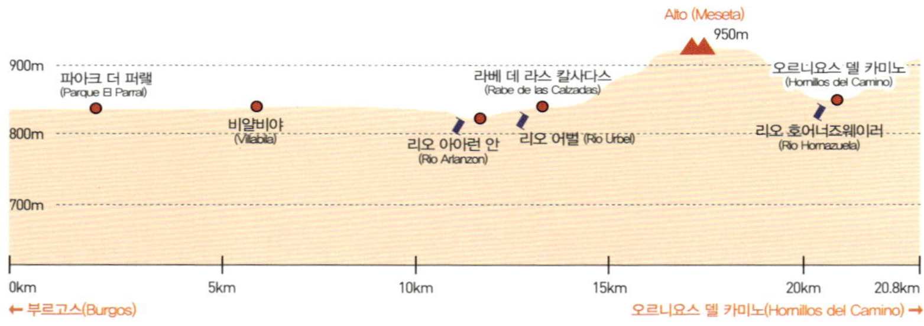

알베르게   유로(숙소   유로, 시트   유로)

Fecha

도장 찍기

Fecha

 오르니요스부터 카스트로헤리스까지 - 21.2km

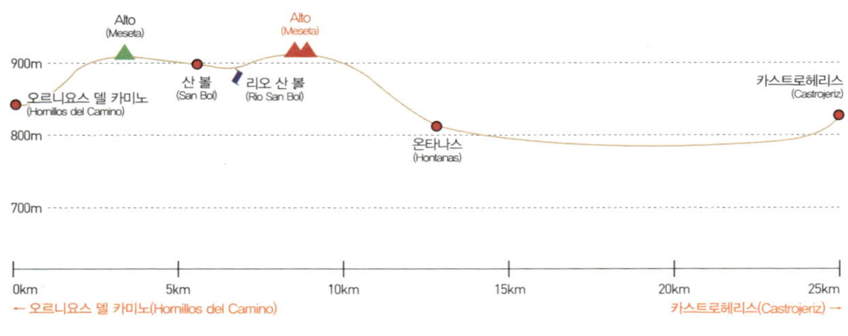

이동경로 / 21.2km

오르니요스 델 카미노(Hornillos del Camino) - 산 볼(San Bol) - 온타나스 (Hontanas) - 산 안톤 아치(Arco de San Anton) - 카스트로헤리스(Castrojeriz)

완만한 오르막길 (길이 맞는 지 의심이 생길 수 있다.)

마을을 가로질러 지나가면 오르막길이 나온다. 아침 일찍 걸어가기에 부담스러울 수 있지만 산 볼 강이 나오고 알베르게가 왼쪽에 보이면 내리막길이다. 계곡을 지나면서 다시 오르막길이다.

오르막길은 완만하여 힘든 편은 아니므로 걱정할 정도는 아니다. 이후부터는 내리막길과 평지길이다. 메세타 평야가 얼마나 넓고 풍요롭게 곡식을 제공할 수 있는 지 직접 경험할 수 있다.

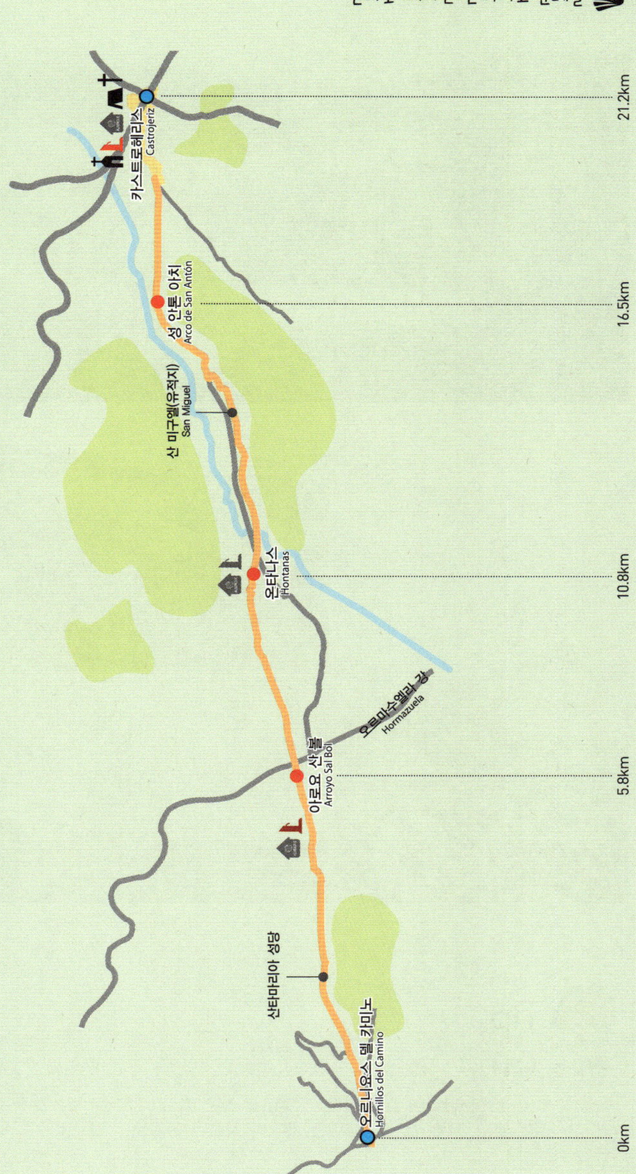
21.2km
카스트로헤리스
Castrojeriz
성 안톤 아치
Arco de San Antón
16.5km
산 미구엘(유적지)
San Miguel
온타나스
Hontanas
10.8km
오르마수엘라 강
Hormazuela
아로요 산 볼
Arroyo Sal Bol
5.8km
산타마리아 성당
오르니요스 델 카미노
Hornillos del Camino
0km

 Tip

햇빛을 가리자!

오르막이 있지만 완만하여 걷는 것은 어렵지 않으나 그늘이 없어서 사전에 모자, 물, 간식 등을 챙기는 것이 좋다. 특히 12시 이후에는 햇빛이 강하여 여름에는 일사병을 일시적으로 겪을 수 있다.

로살리아 알베르게(Rosalia albergue) 알베르게

카스트로헤리스^{Castrojeriz} 마을 끝에 있는 알베르게는 계단을 내려오면 한번 더 내려가야 보인다. 찾기가 쉽지 않지만 한국인이 많이 찾는 게스트하우스 분위기의 알베르게이다.

어느 알베르게든지 시설도 깔끔하고 편의시설도 잘 되어 있다. 또한 10€를 내면 저녁식사에 와인까지 제공하는데, 바로 밑에는 유명한 레스토랑이 있어 저녁을 신청하는 순례자가 많지는 않다. 주인이 친절해 한국어를 간단하게 구사하면서 친근감을 나타낸다. 12유로로 적당한 가격이다. 침대가 2층 침대가 아니어서 편하게 사용하는 것이 큰 장점이다.

| DATE | 14

| LOCATION | 요르니요스 델 카미노 ⋯▸ 카스트로헤리스

| ONE'S TRAVEL SCHEDULE |

시　분 출발,　시　분 도착

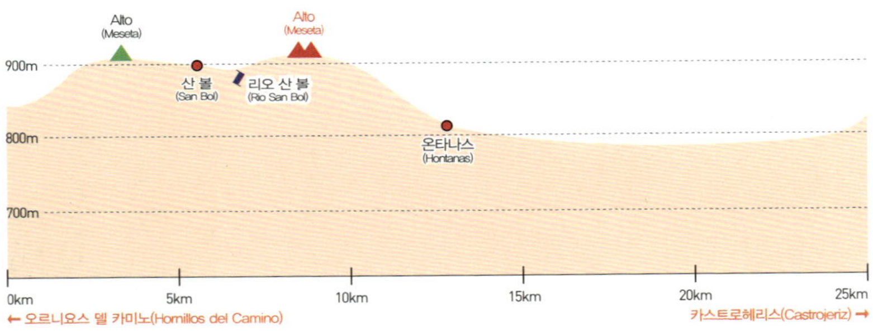

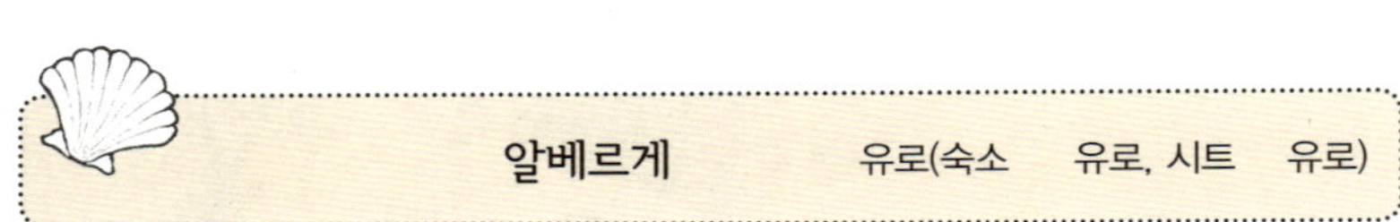

도장 찍기

Fecha

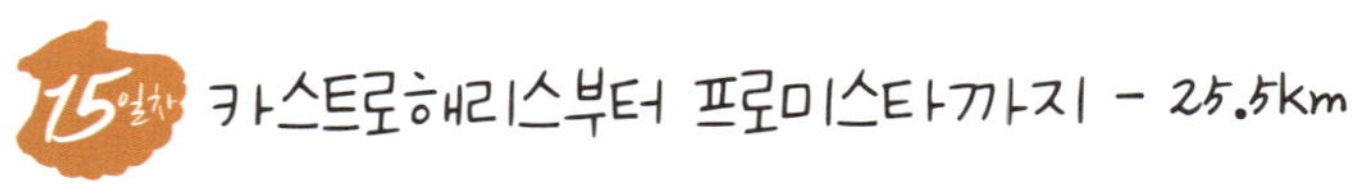

카스트로헤리스부터 프로미스타까지 - 25.5km

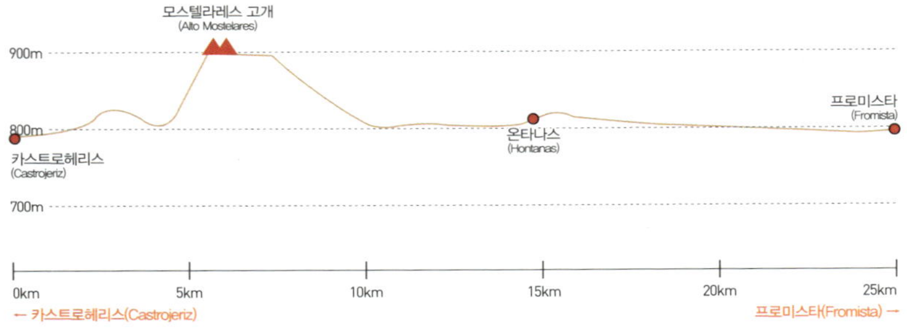

이동경로 / 25.5km

카스트로헤리스(Castrojeriz) - 모스텔라레스 고개(Alto Mostelares) - 피오호 샘
(Fuente de Piojo) - 에테로 데 라 베가(Itero de la Vega) - 보아디야 델 카미노
(Boadilla del Camino) - 프로미스타(Fromista)

오르막길+ 평지길 (고개만 지나면 힘들지 않다.)

모스텔라레스 고개를 건너갈 때만 오르
막이고 이후에는 평지이다. 언덕을 넘기
는 힘들지만 전망대에서 아침에 해가 뜨
는 장면을 보는 즐거움은 꽤 크다. 고개를
오른 후에 높은 위치에서 해 뜨는 장면을
보는 것은 오를 때의 어려움을 상쇄시켜
줄 만하다.

이후에는 내리막길이 완만하게 펼쳐지는
데 내려가면서 보는 고개의 모습도 상당
히 아름답다. 소로길을 걸어가면 부르고
스 주와 팔렌시아 주의 경계지점이 나온

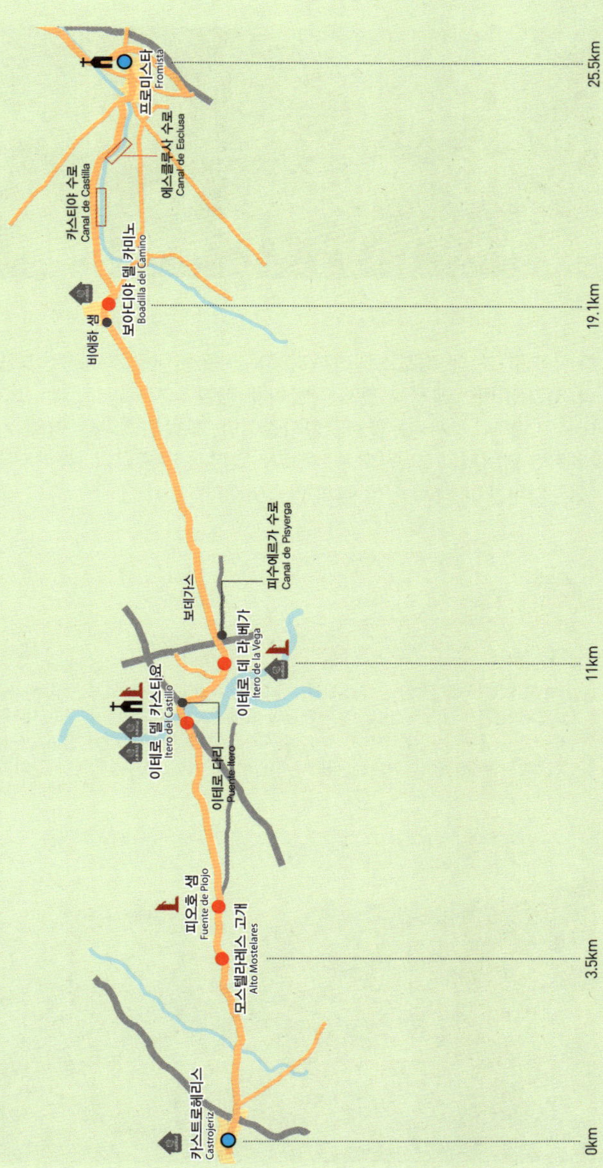
포로미스타
Fromista
25.5km
에스클루사 수로
Canal de Esclusa
카스티야 수로
Canal de Castilla
보아디야 델 카미노
Boadilla del Camino
비에하 샘
19.1km
피수에르가 수로
Canal de Pisverga
보데가스
이테로 데 라 베가
Itero de la Vega
11km
이테로 델 카스티요
Itero del Castillo
이테로 다리
Puente Itero
피오호 샘
Fuente de Piojo
모스텔라레스 고개
Alto Mostelares
3.5km
카스트로헤리스
Castrojeriz
0km

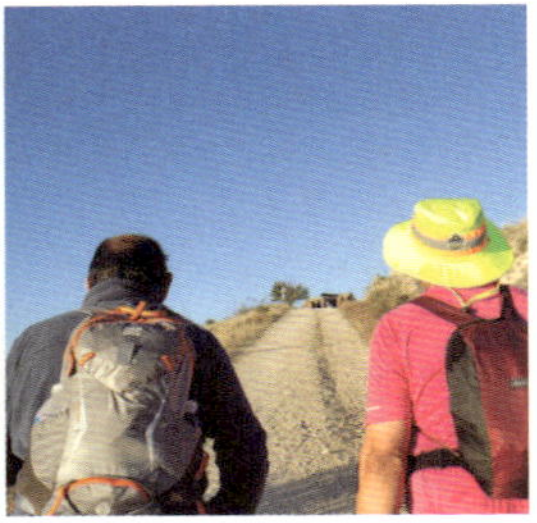

다. 산티아고 데 콤포스텔라까지 400㎞ 초반대를 향해 걸어가면 된다. 이테로 데 라 베가의 바^{Bar}에서 쉬면서 간단하게 아침 식사를 하고 떠나보자. 보아디야 델 카미노로 향하는 지점은 거의 평지길이다. 프로미스타를 향해 가는 길은 양쪽으로 나무가 펼쳐지고 그 안으로 수로가 있어서 아름답다. 특히 가을에는 노란색으로 물든 나무들이 더욱 인상 깊게 만들어준다.

Tip

라 루즈 데 프로미스타(La luz de fromista) 알베르게

프로미스타에서 가장 유명한 알베르게로 한국인이 많이 찾는다. 주인이 상당히 친절하여 순례자들의 호평이 이어지고 있다. 10€로 가격도 저렴한데, 화장실이나 샤워실 상태도 좋아서 관리가 잘된 인상을 받는다. 주변에 마트와 과일가게 등이 많아서 조리를 해 먹기에 좋은 알베르게이다.

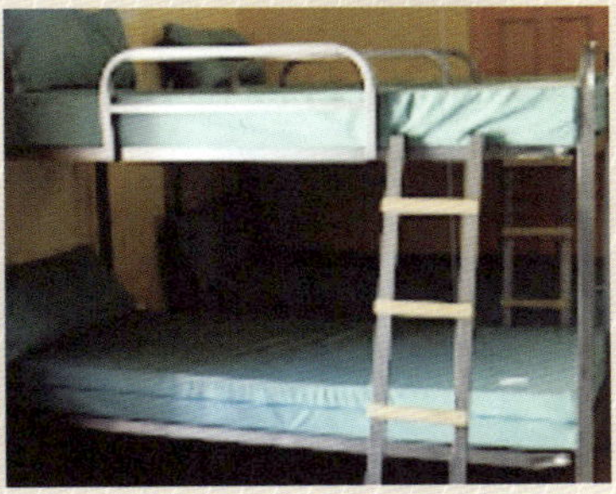

| LOCATION | 카스트로해리스 ⋯▸ 프로미스타

| ONE'S TRAVEL SCHEDULE |

시   분 출발,   시   분 도착

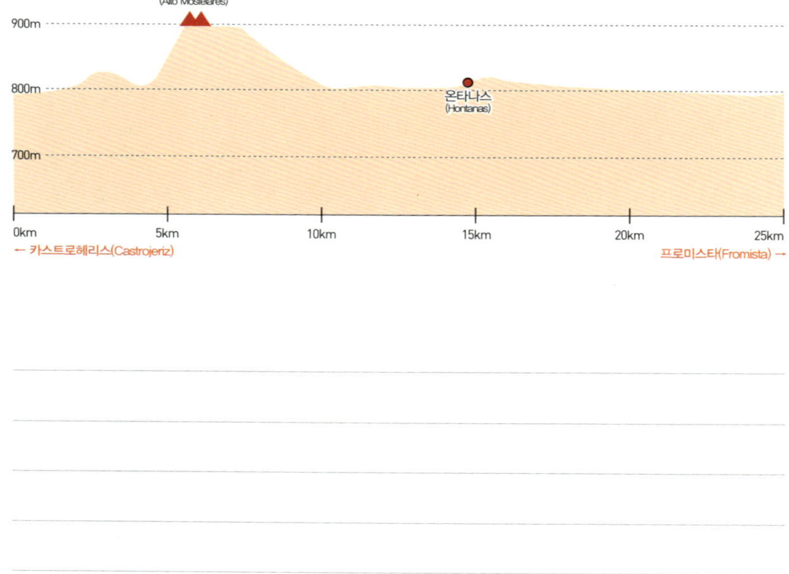

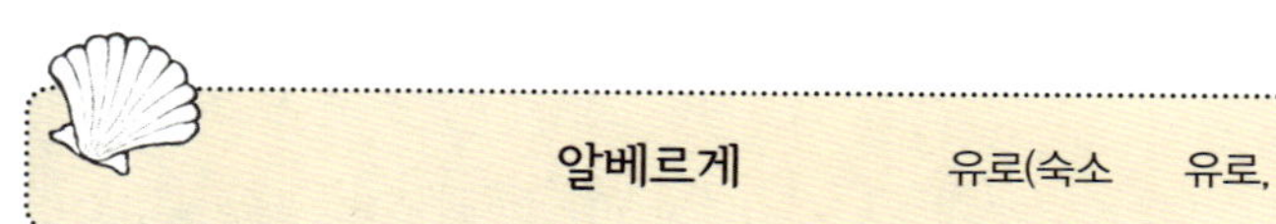

도장 찍기

Fecha

프로미스타부터 카리온 데 로스 콘데스까지 – 19.3km

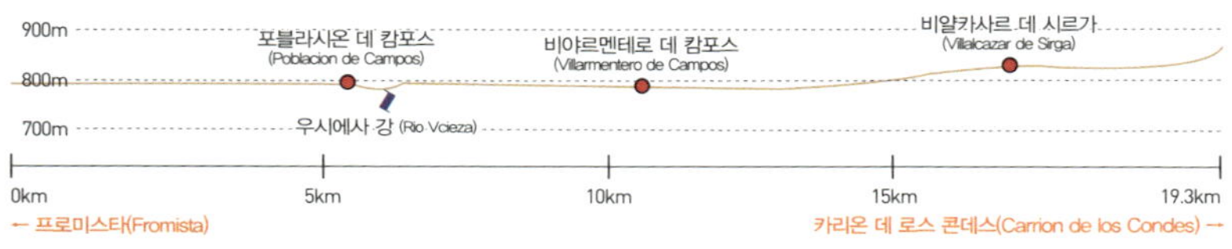

이동경로 / 19.3km

프로미스타(Fromista) – 포블라시온 데 캄포스(Poblacion de Campos) – 비야르멘테로 데 캄포스(Villarmentero de Campos) – 비얄카사르 데 시르가(Villalcazar de Sirga) – 카리온 데 로스 콘데스(Carrion de los Condes)

지루한 길

프로미스타Fromista 마을을 나오면 A–67 고가도로가 보인다. 이곳을 건너면 계속 차로 옆의 시골길을 걸어가야 한다. 그래서 상당히 지루하기 때문에 옆에 있는 친구들과 대화를 나누면서 걸어가는 것이 좋은 방법이다. 특히 여름에는 햇빛이 강하여 일사병에 대해 주의가 필요하므로 그늘이 있다면 쉬어가야 한다. 그늘이 있는 곳에 벤치도 있으므로 쉬어가도록 미리 준비가 되어 있다.

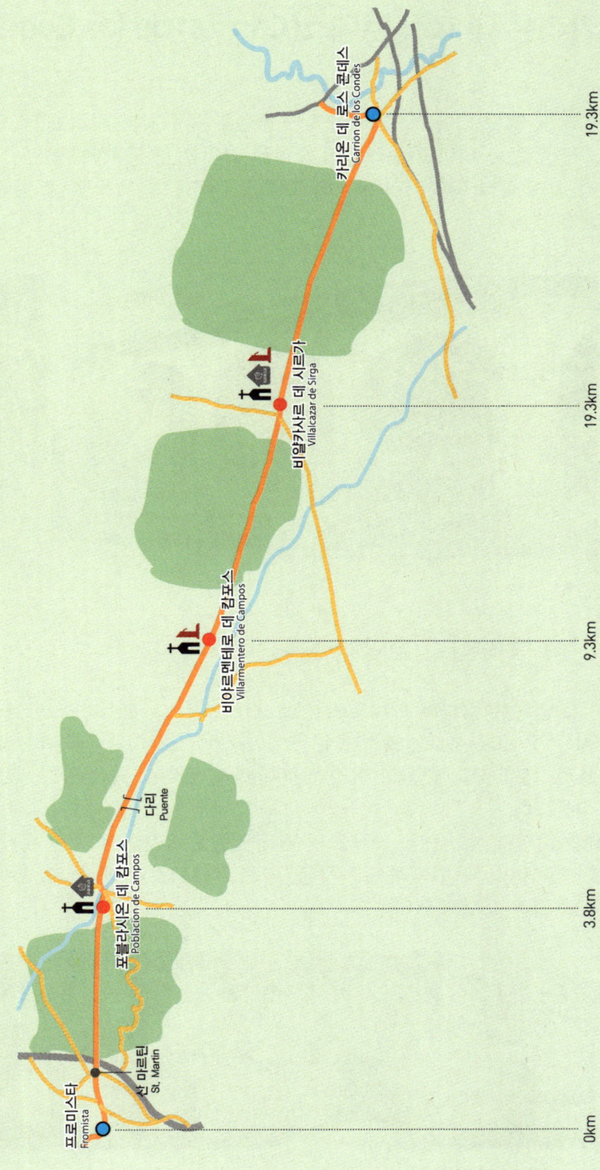
카리온 데 로스 콘데스
Carrion de los Condes
19.3km
비얄카사르 데 시르가
Villalcazar de Sirga
19.3km
비야르멘테로 데 캄포스
Villarmentero de Campos
9.3km
다리
Puente
포블라시온 데 캄포스
Poblacion de Campos
3.8km
산 마르틴
St. Martin
프로미스타
Fromista
0km

카리온 데 로스 콘데스(Carrion de los Condes)

카미노 데 산티아고^{Camino de Santiago} 중심부에 위치한 카리온 데 로스 콘데스^{Carrión de los Condes}는 산티아고 순례길의 중앙에 위치한 큰 도시에 속한다. 카사 델 아길라 플라자 드 산타 마리아의 광장이 중앙에 자리 잡고 있으며 그 옆에 살리나스 백작의 궁전이 있다.

산타 클라라의 로얄 수도원

1255년에 설립하여 에다드와 산토 크리스토 그레고리오 페르난데스의 작품이 소장된 곳이다. 수도원의 박물관은 13세기에 조각이 눈에 띈다. 18세기에 소규모 구조로, 목제 코퍼 천장과 머리 부분에 배럴 볼트로 덮여 있고, 주요 제단화는 17세기 작품이다.

16~19세기 산타 베라 크루즈의 현재 건물은 14세기 회당의 유적 위에 있다. 내부에는 1561년의 익명의 멕시코 작품인 "산토 크리스토 데 라 크루즈^{Santo Cristo de la Cruz}"가 강조되어 표시해 있다.

산 후안 드 세스틸로스(San de Sestillos Cestillos)의 예배당

18세기에서 산 지올로^{Zoilo}의 수도원에 있는 후에르타노스^{Huertanos}의 교외의 본당이었다. 암자는 본당이 있고 배럴당 금고로 덮여 있으며 복음의 측면에 성례전이 부착되어 있다. 19세기에 지어진 오래된 시립 병원은 이전 시대의 병원 전통을 유지하고 있다. 네오고딕 양식의 예배당과 같은 스타일의 제단이 있다. 현재는 사유재산이지만 노인복지의 목적을 위해 사용하고 있다.

사라비아 극장

팔렌시아 지방에서 가장 권위가 있는, 9세기의 전형을 보여주는 절충주의적인 건물로 '빅하우'라는 별명은 규모가 크다고 해서 붙은 이름이다. 오랜 세월 동안 전당포로 운영되어 '눈물'이라는 별명이 붙었다.

산타 클라라(Santa Clara) 알베르게

중세 건물을 보수하여 사용하는 유명한 알베르게로 한국인이 많이 찾는다. 가격도 저렴하여 8€에 2층 침대가 아닌 단층 침대에서 머물게 된다. 또한 도미토리 룸도 3명 방부터 시작되어 마치 트리플룸에서 머무는 느낌도 받을 수 있다. 가격도저렴한데, 화장실이나 샤워실 상태도 좋아서 관리가 잘된 인상을 받는다.

산타 클라라(Santa Clara) 알베르게

Sitio Cluniacense
Red de Villas Cluniacenses
GRAN ITINERARIO CULTURAL
DEL CONSEJO DE EUROPA

| LOCATION | 프로미스타 ··· 카리온 데 로스 콘데스

| ONE'S TRAVEL SCHEDULE |

시　분 출발,　시　분 도착

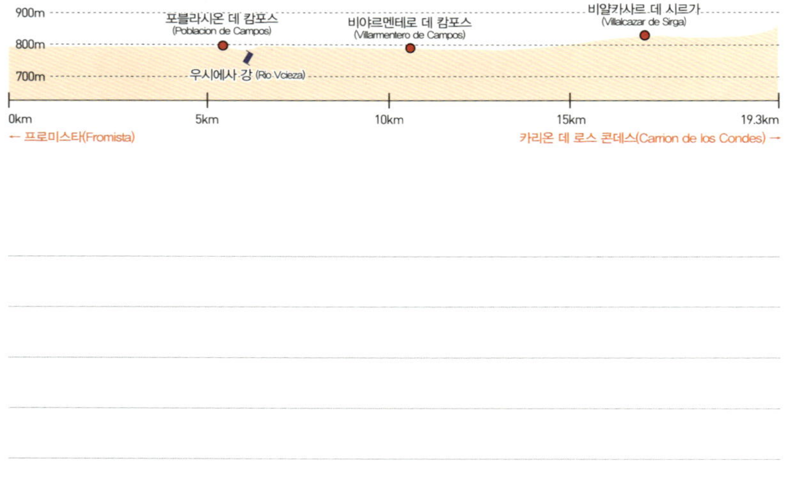

알베르게　　　　유로(숙소　유로, 시트　유로)

도장 찍기

Fecha

17일차 카리온 데 로스 콘데스부터 테라디요스 데 로스 템플라리오스까지 – 26.8km

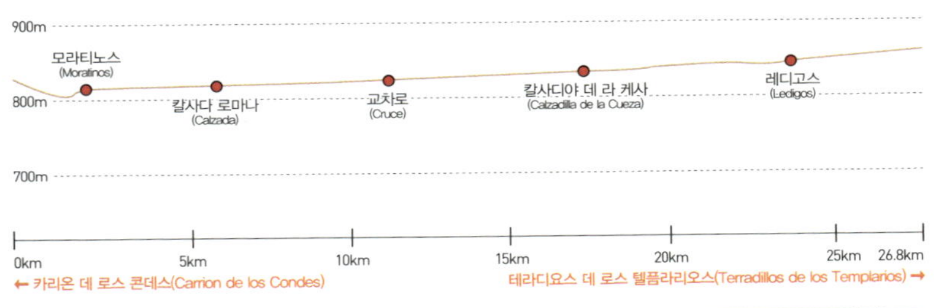

이동경로 / 26.8km

카리온 데 로스 콘데스(Carrion de los Condes) – 칼사다 로마나(Calzada) – 교차로(Cruce) – 칼사디야 데 라 케사(Calzadilla de la Cueza) – 레디고스(Ledigos) – 테라디요스 데 로스 텔플라리오스(Terradillos de los Templarios)

평지길 (식사할 장소 찾기가 힘들다.)

어제와 마찬가지로 평지길이 대단위 경작지 사이로 이어진다. 칼사디야 데 라케사까지의 약 16㎞는 식사를 할 장소가 없으므로 사전에 먹거리와 물을 준비하는 것이 좋다.

오늘은 내내 차로 옆의 시골길을 걸어가야 한다. 그래서 상당히 지루하기 때문에 옆에 있는 친구들과 대화를 나누면서 걸어가는 것이 좋은 방법이다. 특히 여름에는 햇빛이 강하여 일사병에 대해 주의가 필요하므로 그늘이 있다면 쉬어가야 한다.

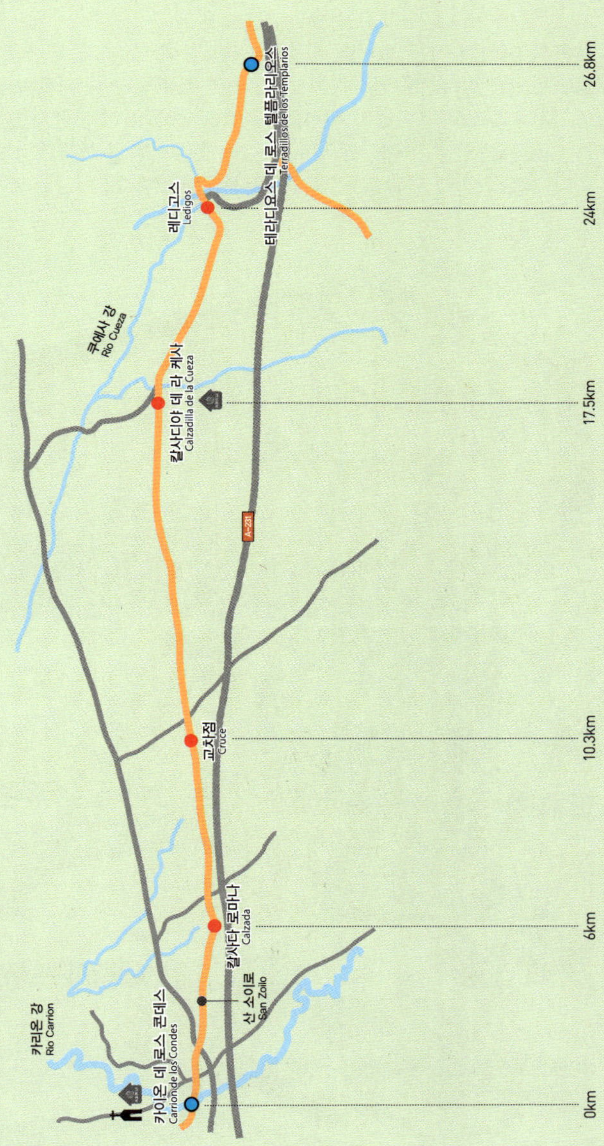
테라디요스 데 로스 템플라리오스
Terradillos de los Templarios
레디고스
Ledigos
쿠에사 강
Rio Cueza
칼사디야 데 라 쿠에사
Calzadilla de la Cueza
A-231
교차점
Cruce
칼사다 로마나
Calzada
산 소일로
San Zoilo
카리온 강
Rio Carrion
카리온 데 로스 콘데스
Carrion de los Condes
26.8km
24km
17.5km
10.3km
6km
0km

자크 데 몰라이(Jacques de Molay) 알베르게

여름이 아니면 작은 도시에 있는 유일한 알베르게로 조용하게 머물 수 있다. 8명 방(10€), 3명 방(12€)로 이루어져 있다. 다만 침대를 덮는 시트비용 1€는 따로 받고 있다. 자체 레스토랑이 있어 식사를 같이 할 수 있어서 순례자는 알베르게에서 식사를 해결하는 경우가 대부분이다. 주인이 친절하여 순례자들의 호평이 이어지는 곳이다. 화장실이나 샤워실 상태도 좋아서 관리가 잘된 인상을 받는다.

| DATE | **17**

| LOCATION | 카리온 데 로스 콘데스 ⋯▸ 테라디요스 데 로스 템플라리오스

| ONE'S TRAVEL SCHEDULE |

시　　분 출발,　　시　　분 도착

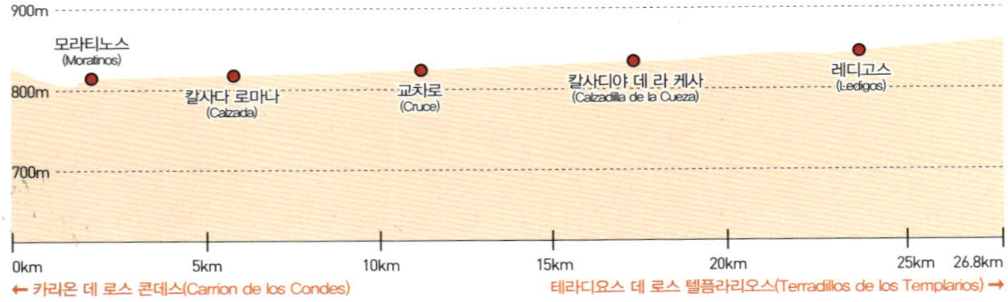

알베르게　　　　　유로(숙소　　유로, 시트　　유로)

154

Fecha

도장 찍기

Fecha

테라디요스 데 로스 템플라리오스부터
베르시아노스 델 레알 카미노까지 – 23.4km

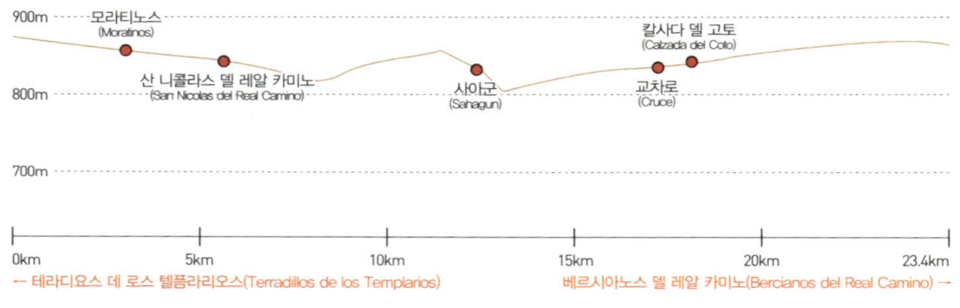

이동경로 / 23.4km

테라디요스 데 로스 텔플라리오스(Terradillos de los Templarios) – 모라티노스
(Moratinos) – 산 니콜라스 델 레알 카미노(San Nicolas del Real Camino) – 사
아군(Sahagun) – 베르시아노스 델 레알 카미노(Bercianos del Real Camino)

평지길 (그늘이 별로 없다.)

오늘은 거의 평지길에 힘든 구간은 거의 없다. 마을을 나오면 N–120 도로 옆으로
나 있는 소로길을 걷게 된다. 여기부터 사아군Sahagun까지 쉴 장소를 거의 정해져

있다. 사아군이 오늘의 중간 지점이기
도 하지만 생장 피드포트에서 걷기 시
작했다면 산티아고 데 콤포스텔라까지
의 중간 지점으로 의미가 있는 마을이
기도 하다.

사전에 간식과 물이나 음료수를 준비해
벤치가 있는 쉬어가는 장소에서 휴식을
취하면서 걸어가면 된다. 어제와 마찬
가지로 평지길이 대단위 경작지 사이로

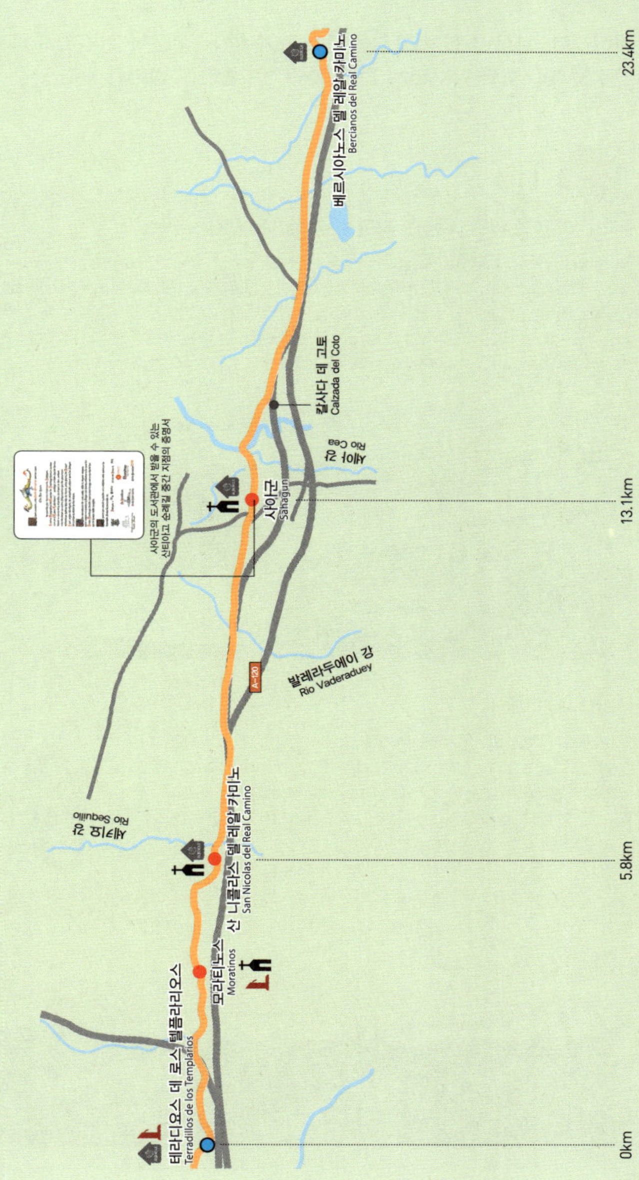

23.4km
베르시아노스 델 레알 카미노
Bercianos del Real Camino
칼사다 데 코토
Calzada del Coto
세아 강
Río Cea
사아군
Sahagún
13.1km
발레라두에이 강
Río Vaderaduey
A-120
세키요 강
Río Sequillo
산 니콜라스 델 레알 카미노
San Nicolás del Real Camino
5.8km
모라티노스
Moratinos
테라디요스 데 로스 템플라리오스
Terradillos de los Templarios
0km

157

이어진다. 차로 옆의 시골길을 걸어가야 한다. 상당히 지루하기 때문에 옆에 있는 친구들과 대화를 나누면서 걸어가는 것이 좋은 방법이다.

Tip

산티아고 순례길의 중간 지점 증명서(3€) 받기

아직은 거의 모르지만 생장 피드포트에서 걷기 시작했다면 산티아고 데 콤포스텔라까지의 중간 지점으로 의미가 있는 마을이기도 하다. 이곳에서도 중간지점까지 걸었다는 증명서를 발급하고 있다. 사아군 도서관의 1층으로 들어가면 오른쪽에 입구가 있다. 이곳에서 발급한다. 아직은 많이 받지는 않지만 300㎞이상 걸었다는 증명을 받을 수 있기 때문에 산티아고 순례길을 나누어서 걷는 순례자에게는 희열을 맛볼 수 있는 장소이다.

기념사진 찍기

순례자가 열심히 걸어왔다면 중간까지 도착했으니 앞으로 더 열심히 걸어갈 수 있는 희망을 갖게 된다. 사아군 도서관에서 증명서를 받고 나오면 산 베니토 아치문 앞에 있는 순례자 발걸음 위에서 사진을 찍고 이동하자. 순례자가 사진을 찍을 수 있도록 배려를 해 놓았다.

베르시아노스(Bercianos) 1900 알베르게

작은 마을이지만 알베르게가 3개나 있다. 그 중에서 베르시아노스^{Bercianos} 1900 알베르게는 호스텔 분위기의 알베르게로 최근에 리모델링을 끝내 상당히 쾌적한 곳이다. 16명 방과 1층의 휴게실은 누구나 만족스럽게 휴식을 취할 수 있을 것이다. 침대를 덮는 시트도 정말 천으로 이루어져 있다.

자체 레스토랑이 있어 식사를 같이 할 수 있어서 순례자는 알베르게에서 식사를 해결하는 경우가 대부분이다. 주인이 친절하여 순례자들의 호평이 이어지는 곳이다. 화장실이나 샤워실 상태도 좋아서 관리가 잘된 인상을 받는다.

| DATE | 18

| LOCATION | 테라디요스 데 로스 템플라리오스 ⋯▸ 베르시아노스 델 레알 카미노

| ONE'S TRAVEL SCHEDULE |

시　분 출발,　시　분 도착

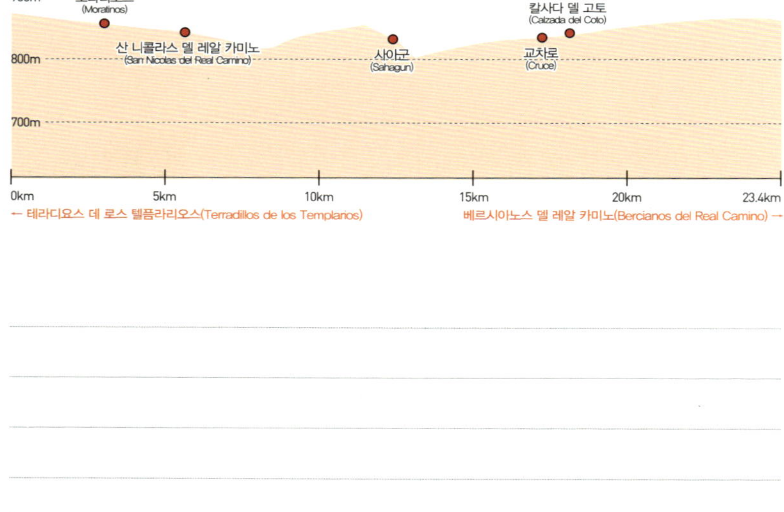

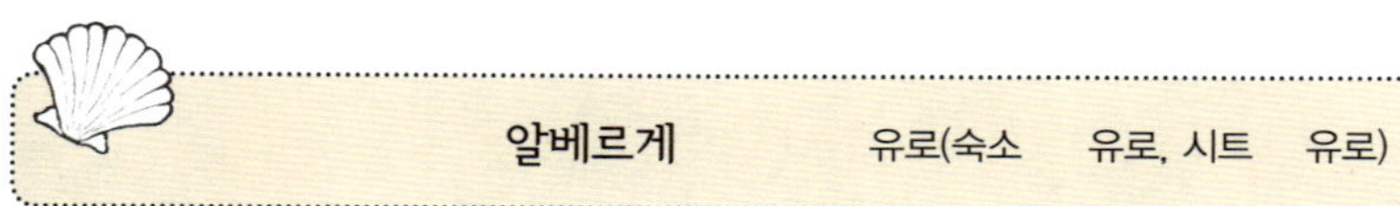

도장 찍기

Fecha

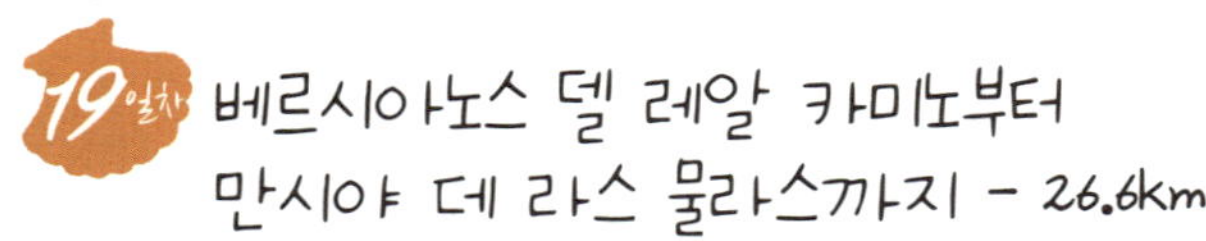

19일차 베르시아노스 델 레알 카미노부터 만시야 데 라스 물라스까지 - 26.6km

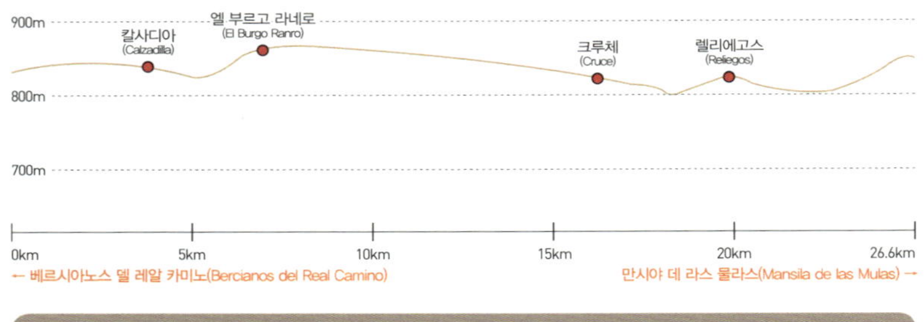

이동경로 / 26.6km

베르시아노스 델 레알 카미노(Bercianos del Real Camino) - 엘 부르고 라네로 (El Burgo Ranro) - 렐리에고스(Reliegos) - 만시야 데 라스 물라스(Mansila de las Mulas)

평지길 (그늘이 별로 없다.)

레온까지는 평야가 이어지기 때문에 평지길이라 힘든 구간은 거의 없다. 마을을 나오면 N-120 도로 옆으로 나 있는 소로길을 걷는데 그늘이 없다가도 어느 정도 거리가 지나면 그늘이 있는 벤치가 나온다. 간식과 물이나 음료수를 준비해 휴식을 취하면서 걸어가면 된다. 차로 옆의 시골길은 지루하기 때문에 옆에 있는 친구들과 대화를 나누면서 걸어가는 것이 좋은 방법이다.

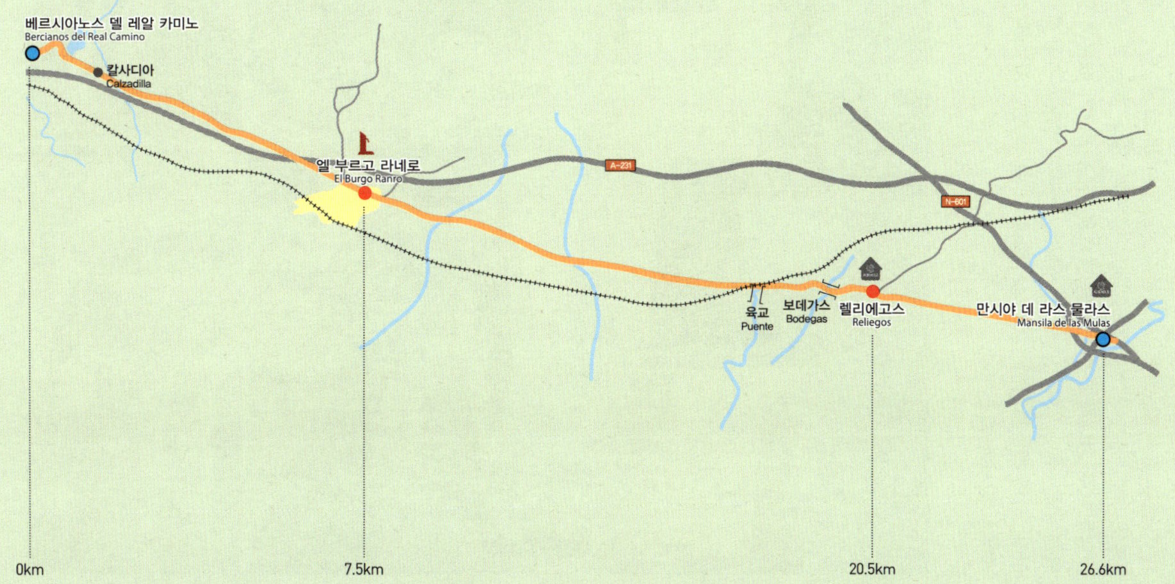

베르시아노스 델 레알 카미노
Bercianos del Real Camino
칼사디아
Calzadilla
엘 부르고 라네로
El Burgo Ranro
A-231
N-601
육교
Puente
보데가스
Bodegas
렐리에고스
Reliegos
만시야 데 라스 물라스
Mansila de las Mulas
0km
7.5km
20.5km
26.6km

엘 자르딘 델 카미노(El Jardin del Camino) 알베르게

마을의 입구에 있는 큰 알베르게로 규모가 크다. 호스텔 분위기의 알베르게로 리모델링으로 현대화되었다. 16명 방으로 규모가 크기 때문에 웅성웅성 대는 소리가 크게 들릴 수도 있다. 1층의 휴게실은 누구나 만족스럽게 휴식을 취할 수 있을 것이다. 자체 레스토랑이 있어 식사를 같이 할 수 있어서 대부분의 순례자는 알베르게에서 식사를 해결한다.

LAS EDADES
DEL HOMBRE
Sahagún
LUX
BOSS
SAHAGUN
CENTRO DEL CAMINO

| LOCATION | 베르시아노스 델 레알 카미노 ⋯→ 만시야 데 라스 물라스

| ONE'S TRAVEL SCHEDULE |

8시15분 출발, 1시 34분 도착

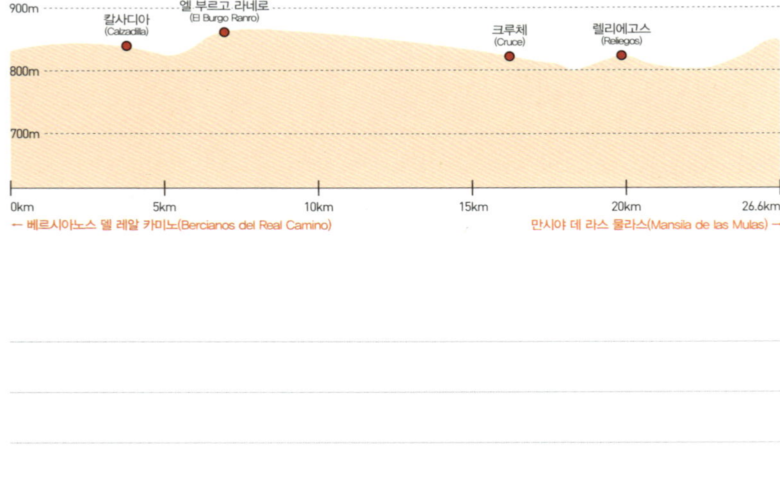

알베르게   유로(숙소   유로, 시트   유로)

도장 찍기

Fecha

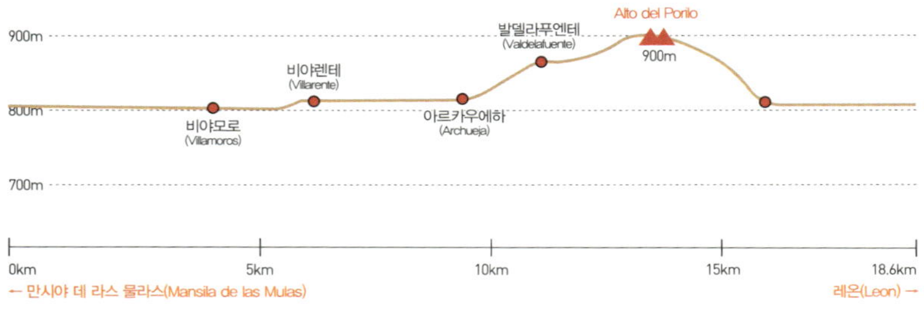

이동경로 / 18.6km

만시야 데 라스 물라스(Mansila de las Mulas) − 비야렌테(Villarente) − 아르카
우에하(Archueja) − 레온(Leon)

도시로 들어가는 평지길

걷는 거리는 짧지만 큰 도시로 들어가는 길은 지루하다. 그래서 아무 생각 없이 걷다가 거리를 잘못 걷기도 한다. 평지길이라 힘든 구간은 거의 없지만 N−601도로는 걷기에 좋은 길은 아니다. 또한 빨리 지나가는 차량은 소음과 매연을 만들어내기 때문에 쉴 공간이 있다면 쉬어가는 것이 좋다.

간식과 물이나 음료수를 준비해 휴식을 취하면서 걸어가면 된다. 차량 도로로 가는 길은 지루하기 때문에 옆에 있는 친구들과 대화를 나누면서 걸어가는 것이 좋은 방법이다. 수도인 마드리드에서 레온으로 이동해 약 300㎞를 약 2주 동안 걷는 순례자도 있다.

레온
Leon
산타 아나 광장
Plaza Santa Ana
N-120
N-630
포르티요 언덕
Alto Deportillo
트리오 강
Rio Torio
아르카우에하
Archueja
N-601
비야렌테
Villarente
포르마 강
Rio Porma
란시아 유적지
Lancia
만시야 데 라스 물라스
Mansilla de las Mulas
에슬라 강
Rio Esla
18.6km
10.1km
5.6km
0km

레온(Leon)

스페인 북부의 대표적인 도시인 레온^{Leon}은 레온 왕국의 수도였다. 레온은 산티아고 순례길에서 약 300㎞지점에 도착했다는 표시를 해주는 도시이기도 하다. 레온에는 정교한 스테인드글라스로 유명한 레온 대성당과 산 이시도르 성당, 구 산 마르코스 수도원 등 역사적으로 중요한 건축물이 많다.

기차역과 버스 터미널은 베르네스가 강 서쪽에 위치해 있고 올드 타운까지는 걸어서 15분 정도가 소요된다. 산토 도밍고 광장을 지나 올드타운으로 들어서면 왼쪽에 가우디가 설계한 카사 데 보티네스가 있고 위로 더 걸어가면 레온의 중심인 대성당이 나온다. 산 마르틴 광장 주변은 레온에 찾아온 관광객이 밤늦게까지 붐비는 곳이다.

산 프란체스코 데 아시스(San Francisco de Asis) 알베르게

레온의 구시가지의 입구에 있는 큰 알베르게로 규모가 크지만 시설이 좋은 편은
아니다. 오래된 큰 입구에 공간이 커서 여유롭게 휴식을 취할 수 있는 공간이 있다.
16명 방으로 규모가 큰데, 2층 침대의 1층만 사용하고 있다.

| LOCATION | 만시야 데 라스 물라스 ⋯▸ 레온

| ONE'S TRAVEL SCHEDULE |

시　분 출발,　시　분 도착

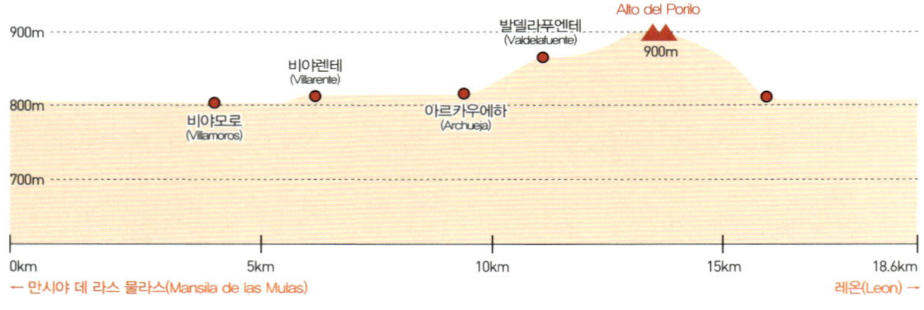

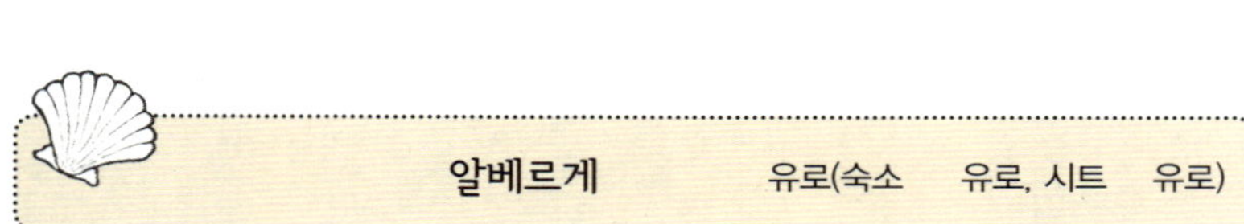

도장 찍기

Fecha

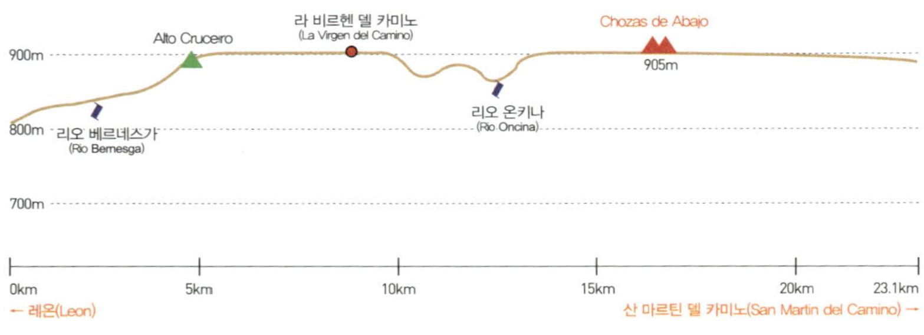

21일차 레온부터 산 마르틴 델 카미노까지 – 26.8km

이동경로 / 26.8km

레온(Leon) – 라 비르헨 델 카미노(La Virgen del Camino) – 산 미겔 델 카미노 (San Miguel del Camino) – 비야당고스 델 파라모(Villadangos del Paramo) – 산 마르틴 델 카미노(San Martin del Camino)

(2번 루트 : 레온(Leon) – 라 비르헨 델 카미노(La Virgen del Camino) – 초사스 데 아바호(Chozas de Abajo) – 비야르 데 마사리페(Viyar de Masarife)

도시에서 나가는 평지길

걷는 거리는 길지 않지만 큰 도시에서 다시 나오는 길도 지루하다. 하지만 도시를 나오는 과정에서 아무 생각 없이 걷다가 거리를 잘못 걷기도 한다.

큰 도시들은 노란색 화살표 보다는 조개껍데기 모양을 보도 블록에 넣어 표시를 하는 경우가 대부분이다. 그런데 해가 뜨지 않은 어두운 길은 조개껍데기 모양이 잘 보이지 않는다.

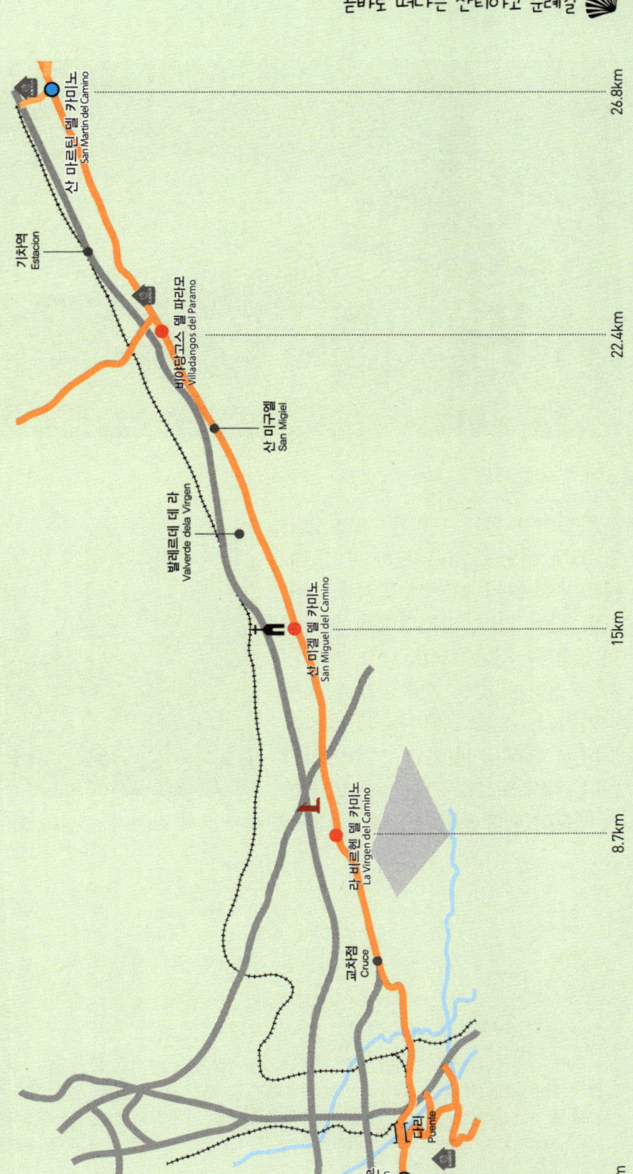
26.8km
산 마르틴 델 카미노
San Martin del Camino
기차역
Estacion
22.4km
비야당고스 델 파라모
Villadangos del Paramo
산 미구엘
San Miguel
발베르데 데 라
Valverde dela Virgen
15km
산 미겔 델 카미노
San Miguel del Camino
8.7km
라 비르헨 델 카미노
La Virgen del Camino
교차점
Cruce
다리
Puente
레온
Leon
0km

평지길이라 힘든 구간은 거의 없지만 레온 성당을 지나 카사 보티네스 등의 건축물을 보면서 도시를 나오도록 되어 있다. 마지막에는 기차역과 공항을 지나가므로 어느 지점인지 확인하는 것도 지루함을 달래는 방법이다. 간식과 물이나 음료수를 준비해 휴식을 취하면서 걸어가면 된다. 차량 도로로 가는 길은 지루하

기 때문에 옆에 있는 친구들과 대화를 나누면서 걸어가는 것이 좋은 방법이다.

 Tip

산티아고 순례길 300㎞ 걷기

산티아고 순례길의 프랑스 길은 약 800㎞이다. 1달이 넘는 기간 동안 걷기 위해 일정을 비우는 것은 쉬운 일이 아니다. 그래서 전체 순례길을 다 걷지 않고 나누어서 걷거나 마지막 순례길 부분을 걷는 순례자들도 있다. 프랑스 길의 일부분을 걸을려고 하는 순례자들은 220km, 110km를 폰 페라다(Ponferrada)와 사리아(Sarria)에서 걷기 시작하지만 일부 순례자들은 레온부터 걷는 경우도 있다.

산 마르틴 델 카미노(San Martin del Camino) 알베르게

작은 마을의 알베르게는 입구에 있다. 공립 알베르게 같지만 사설 알베르게인데도 시설이 좋은 편은 아니다. 16명이 사용하는 공간은 커서 여유로울 거 같지만 다소 웅성웅성 번잡하다. 알베르게 건너편에 레스토랑이 있어 대부분의 순례자가 식사를 이곳에서 해결한다.

| DATE | **21**

| LOCATION | 레온 ⋯▸ 산 마르틴 델 카미노

| ONE'S TRAVEL SCHEDULE |

시　분 출발,　시　분 도착

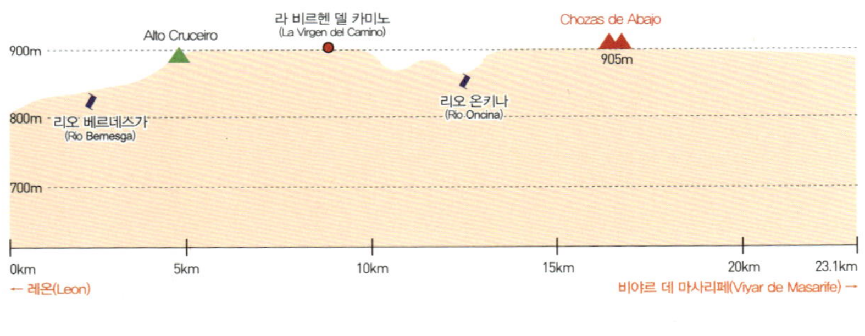

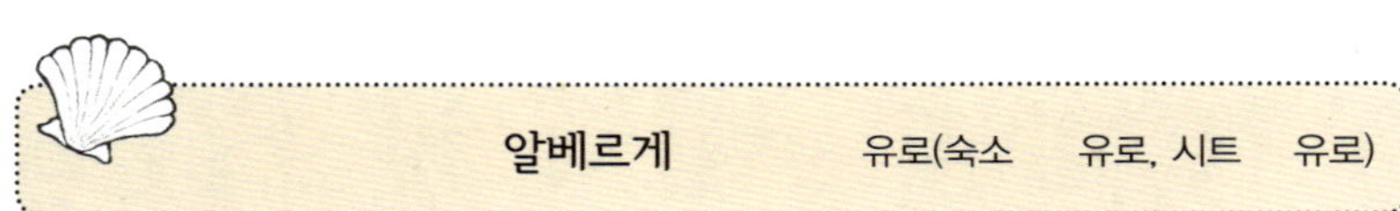

도장 찍기

Fecha

22일차 산 마르틴 델 카미노부터 아스토르가까지 - 30.1km

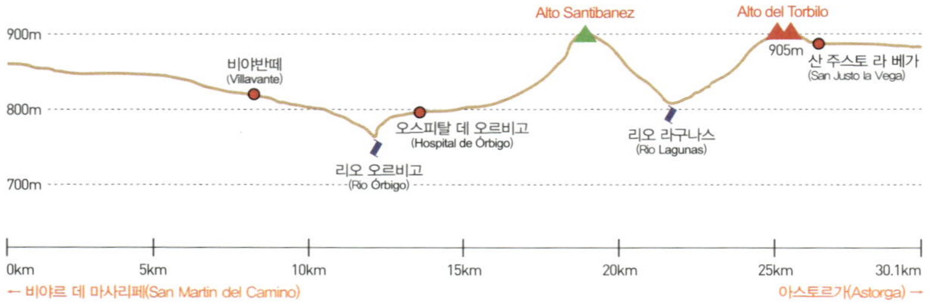

이동경로 / 30.1km

산 마르틴 델 카미노(San Martin del Camino) - 비야반테(Villavante) - 오스피탈 데 오르비고(Hospital de Orbigo) - 산티바네스 데 발데이글레시아(Santibanez de Valdeiglesia) - 산 후스토 데 라 베가(San Justo de la Vega) - 아스토르가(Astorga)

평지길

산티아고 순례길에서 마지막으로 남은 도시에 도착하게 된다. 대부분의 시골길을 평이하게 걷게 된다.
양쪽으로 경작지가 펼쳐지는 평야지대라서 평지가 대부분이다. 다만 그늘이 없으므로 여름에는 쉬면서 간식과 물이나 음료수를 준비해 걸어가야 한다.

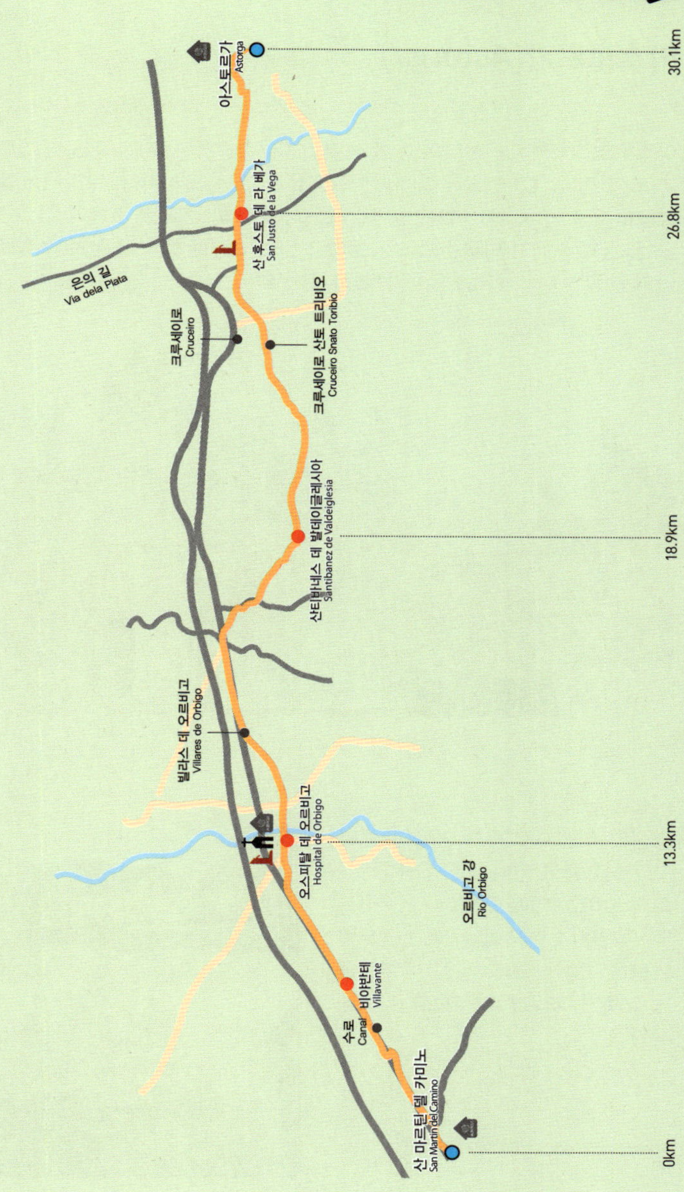
30.1km
아스토르가
Astorga
26.8km
산 후스토 데 라 베가
San Justo de la Vega
은의 길
Via dela Plata
크루세이로
Cruceiro
크루세이로 산토 트리비오
Cruceiro Snato Toribio
산티바녜스 데 발데이글레시아
Santibanez de Valdeiglesia
18.9km
비야레스 데 오르비고
Villares de Orbigo
오스피탈 데 오르비고
Hospital de Orbigo
13.3km
오르비고 강
Rio Orbigo
수로
Canal
비야반테
Villavante
산 마르틴 델 카미노
San Martin del Camino
0km

아스토르가(Astorga)

아스토르가Astorga는 산티아고 순례길의 마지막 250㎞지점 정도에 있는 도시로, 2000년 전에 로마인들에 의해 세워진 유서 깊은 도시이다. 로마시대의 유적지도 유명하지만 가우디가 디자인한 네오 고딕 양식의 주교관 건물이 더 보고 싶을 수 있다. 현재 순례자 박물관으로 사용하고 있는데, 가우디의 초창기 건축물이라 가우디의 특징이 나타나지는 않아 유명하지는 않다.

마요르 광장

광장은 아스토르가 시민들이 매일 보고 사람들을 만나는 장소이다. 고대 로마 시대에 포룸이 있던 곳으로 중세부터 현재의 광장 모습으로 변화하기 시작했다. 광장의 한편에는 17세기 바로크 양식으로 지어진 시청이 있다.

시청 ▶

아스토르가 대성당

로마네스크 양식으로 지어진 성당은 15세기에 증축을 시작해 18세기에 완공하였다.
고딕, 르네상스, 바로크 양식이 섞여 있는 데, 약 300년 동안 지어진 흔적을 볼 수 있다. 18세기에 마지막으로 완성된 파사드는 은 세공 양식이 섬세하게 녹여 아름다움을 더했다는 평가를 받고 있다.

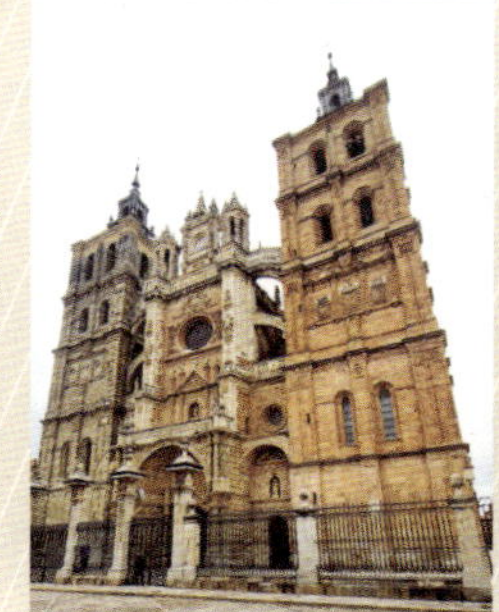

지에르바스 데 마리아(Siervas de Maria) 알베르게

아스트로가 입구에 알베르게가 있어서 쉽게 찾을 수 있다. 입구부터 온도를 체크하고 입장할 수 있다. 1층에 방은 4명과 8명 방 나누어져 있고, 식사와 세탁은 지하에 있다. 순례자 누구나 찾는 알베르게로 화장실이나 샤워실은 상당히 깨끗하고 관리가 잘 되어 있다. 다만 식사는 밖에서 해결해야 한다.

| LOCATION | 산 마르틴 델 카미노 ⋯→ 아스토르가

| ONE'S TRAVEL SCHEDULE |

시　분 출발,　시　분 도착

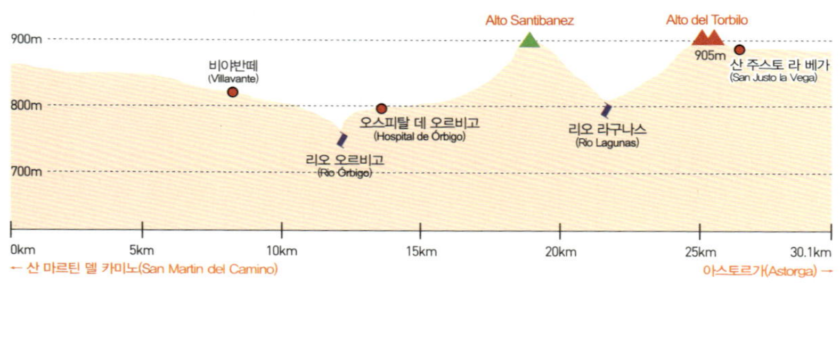

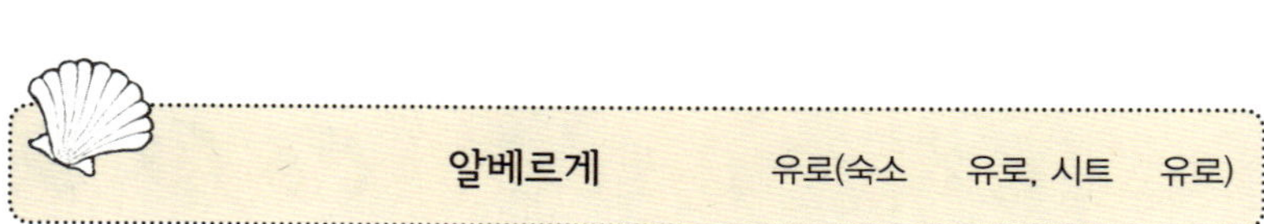

Fecha

도장 찍기

Fecha

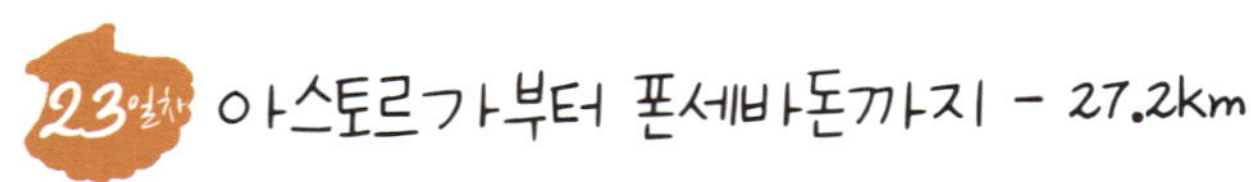

23일차 아스토르가부터 폰세바돈까지 - 27.2km

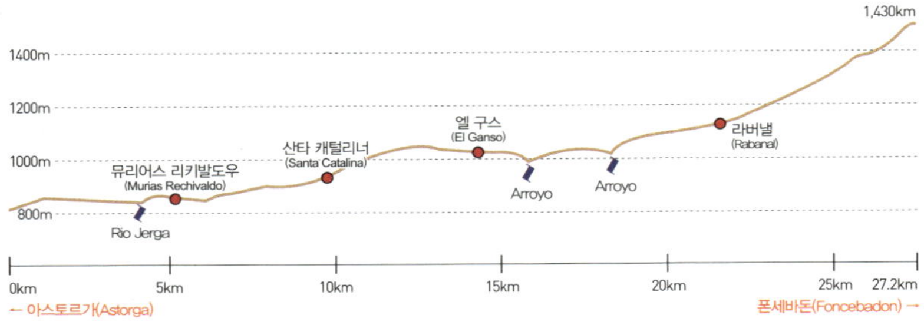

이동경로 / 27.2km

아스토르가(Astorga) - 무리아스 데 레치발도(Murias de Rechivaldo) - 산타 카탈리나 데 소모사(Santa Catalina de Somoza) - 엘 간소(El Ganso) - 라바날 델 카미노(Rabanal del Camino) - 폰세바돈(Foncebadon)

산 정상으로 올라가는 길

평지길부터 시작해 엘 간소^{El Ganso}부터 산으로 올라가야 한다. 폰세바돈과 2일 후에 걸을 오세브로이로는 산을 올라가는 길이다. 산에서는 바람이 많이 불어서 날씨가

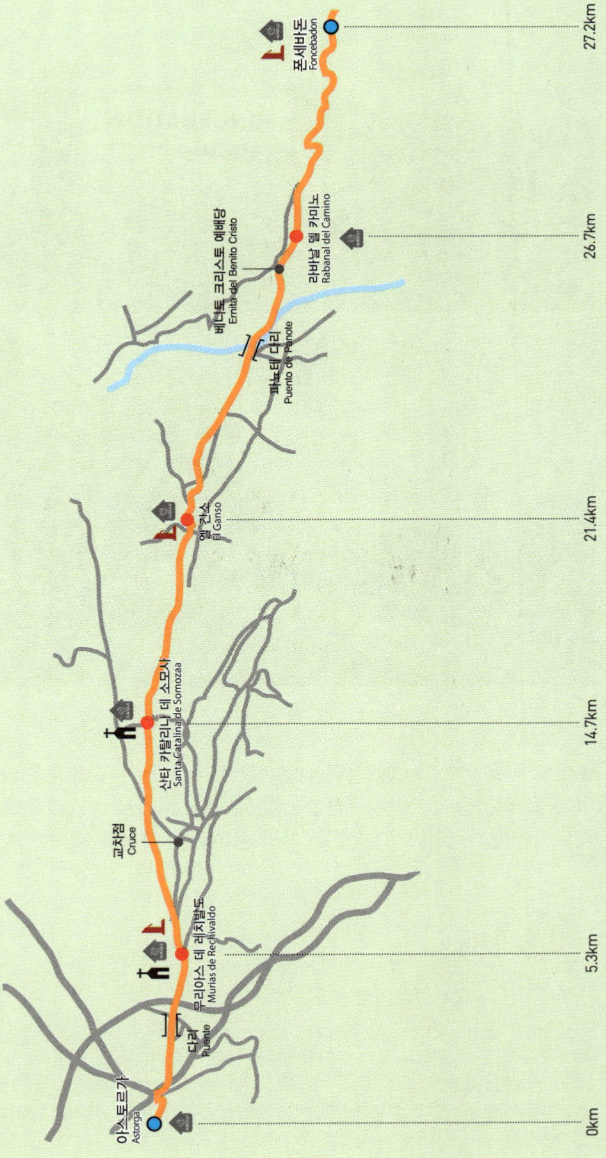

폰세바돈
Foncebadon
27.2km

라바날 델 카미노
Rabanal del Camino
26.7km

베니토 크리스토 예배당
Ermita del Benito Cristo

파노테 다리
Puente de Panote

엘 간소
El Ganso
21.4km

산타 카탈리나 데 소모사
Santa Catalina de Somozaa
14.7km

교차점
Cruce

무리아스 데 레치발도
Murias de Rechivaldo
5.3km

다리
Puente

아스토르가
Astorga
0km

좋아도 추울 수 있기 때문에 몸을 따뜻하게 만들어 주어야 한다. 비가 온다면 우의와 물을 막아줄 수 있는 등산화도 필요하다. 산에서는 음료수를 구할 곳도 없고 간식도 구입할 수 없다. 그러므로 미리 준비해서 하루를 시작해야 한다.

 Tip

폰세바돈과 오세브로이로 준비

산티아고 순례길에서 산을 올라가는 지점은 첫날의 생장피드포트, 폰세바돈과 오세브로이로이다. 폰세바돈을 올라가기 전 마지막 도시는 아스토르가(Astorga)이므로 여기에서 부족한 물품을 구입해 출발하는 것이 좋다. 아스토르가(Astorga)에는 큰 마트나 등산용품 상점이 있다. 아스토르가에서 사전에 날씨 예보를 보고 준비를 할 수 있는 도시라는 점을 인식하도록 하자.

드루이다(Druida) 알배르게

6명의 방, 3개를 운영하고 있다. 레스토랑을 운영하는 데 상당히 맛이 좋아서 유럽의 순례자들이 미리 예약을 하는 곳이다. 빠에야가 특히 맛있어서 점심 식사로 크게 만들어진 것을 볼 수 있다. 프런트나 레스토랑의 직원이나 주인은 모두 상당히 친절하다.

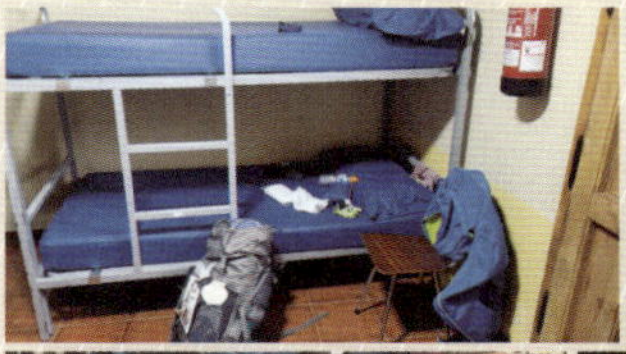

| LOCATION | 아스토르가 ···→ 폰세바돈

| ONE'S TRAVEL SCHEDULE |

시　분 출발,　시　분 도착

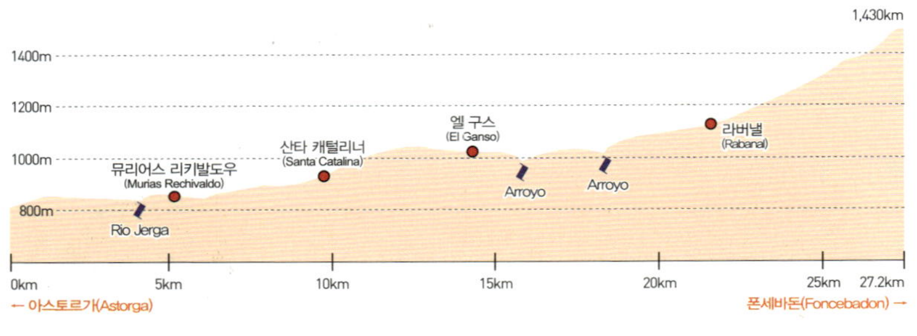

알베르게　　　유로(숙소　유로, 시트　유로)

도장 찍기

Fecha

폰세바돈부터 폰페라다까지 - 27.4km

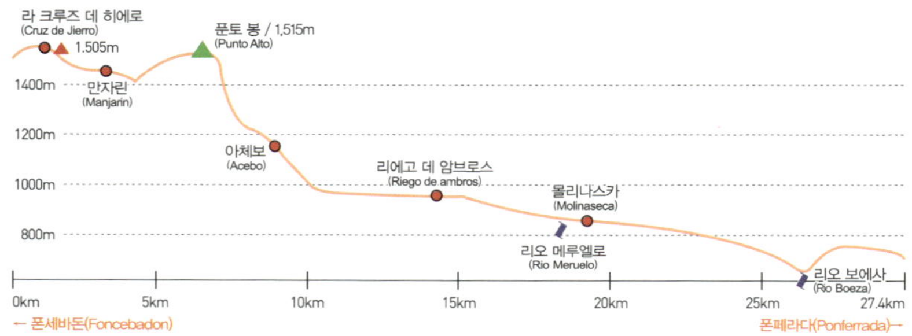

이동경로 / 27.4km

폰세바돈(Foncebadon) - 라 크루즈 데 히에로(La Cruz de Jierro) - 만하린(Manjarin) - 푼토 봉(Punto Alto) - 아세보(Acebo) - 리에고 데 암브로스(Riego de Ambros) - 몰리나세카(Molinaseca) - 폰페라다(Ponferrada)

산 정상에서 내려가는 길

산 정상에서 서서히 걸어서 폰페라다 Ponferrada까지 내려가는 구간이다. 산의 날씨는 변화가 심하므로 보온유지에 신경을 써야 한다. 갑자기 비가 오는 경우도 많은데, 폰페라다까지 상당히 걷는 시간도 다른 구간보다 오래 소요된다.

내려올 때 자갈과 돌로만 이루어진 내리막길도 많아서 천천히 내려오는 것이 중요하다. 잘못 발을 헛디디면 다칠 수 있기 때문이다. 그러므로 미리 준비해서 하루를 시작해야 한다.

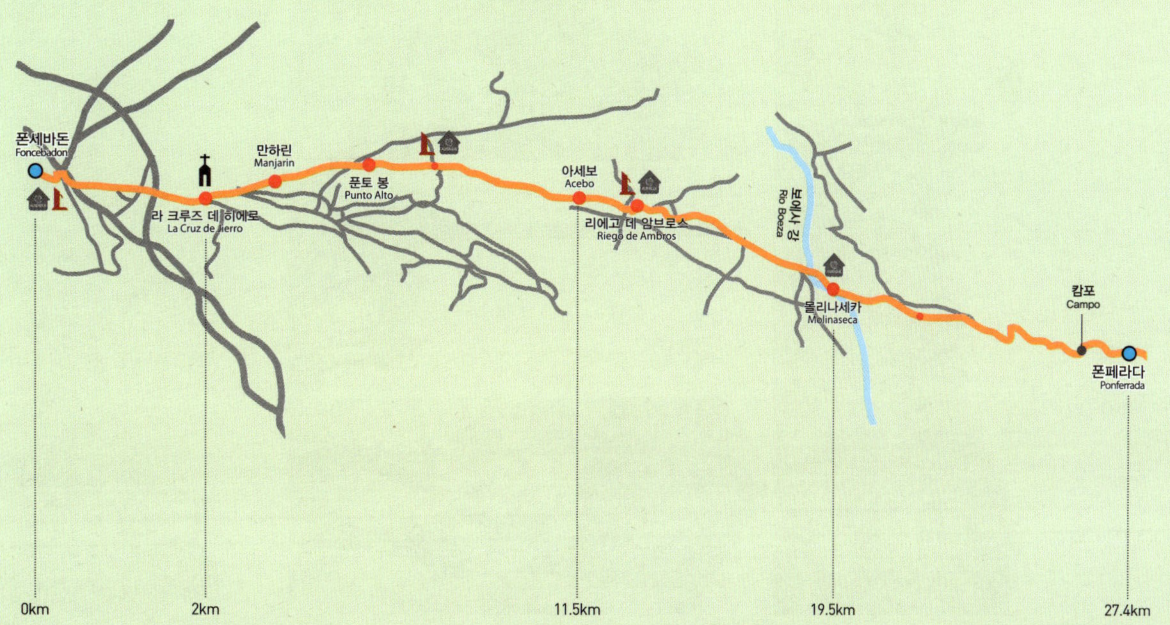
폰세바돈
Foncebadon
만하린
Manjarin
라 크루즈 데 히에로
La Cruz de Jierro
푼토 봉
Punto Alto
아세보
Acebo
리에고 데 암브로스
Riego de Ambros
보에사 강
Rio Boeza
몰리나세카
Molinaseca
캄포
Campo
폰페라다
Ponferrada
0km
2km
11.5km
19.5km
27.4km

 Tip

폰세바돈의 정상에서 내려오는 준비

바람이 많이 불어서 날씨가 좋아도 추울 수 있기 때문에 몸을 따뜻하게 만들어 주어야 한다. 산에서는 음료수를 구할 곳도 없고 간식도 구입할 수 없다. 비가 온다면 더욱 우의와 등산화가 필요하다. 비가 오면 자갈이나 돌로 된 길이 상당히 미끄럽다.

산 니콜라스 데 플루에(San Nicholras de Flue) 알베르게

공립 알베르게로 기부로 운영이 되는 알베르게이다. 그런데 항상 운영이 힘들어서 기부금을 반드시 걷기 위해 강압적으로 기부를 요구하기도 한다. 차라리 공립 알베르게 숙박비인 5€를 기부하면 편한 마음으로 지낼 수 있다.

8~12명의 방을 운영하고 있는데 조리실이 있지만 코로나 바이러스로 인해 사용은 금지되어 있다. 알베르게 오른쪽으로 주유소 안에 큰 마트가 있어서 필요한 물품이나 식사는 다 구입이 가능하다.

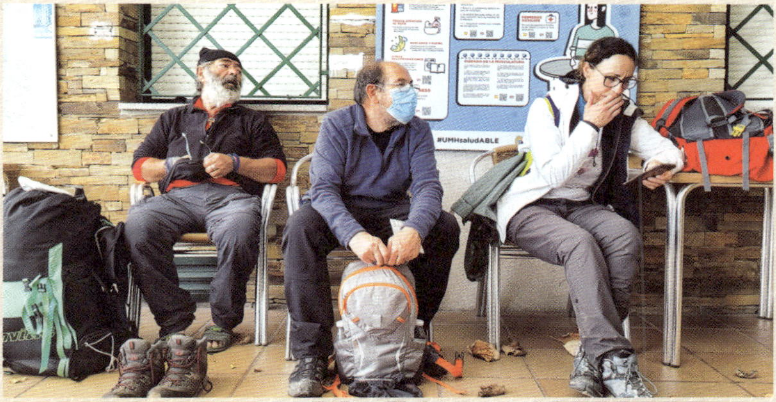

| LOCATION | 폰세바돈 ⋯▶ 폰페라다

| ONE'S TRAVEL SCHEDULE |

시   분 출발,   시   분 도착

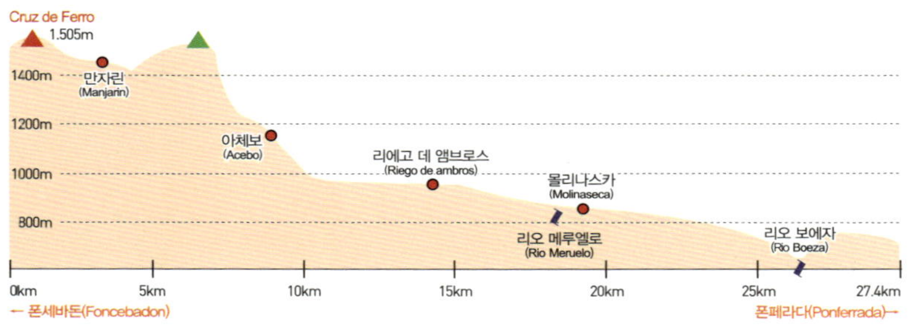

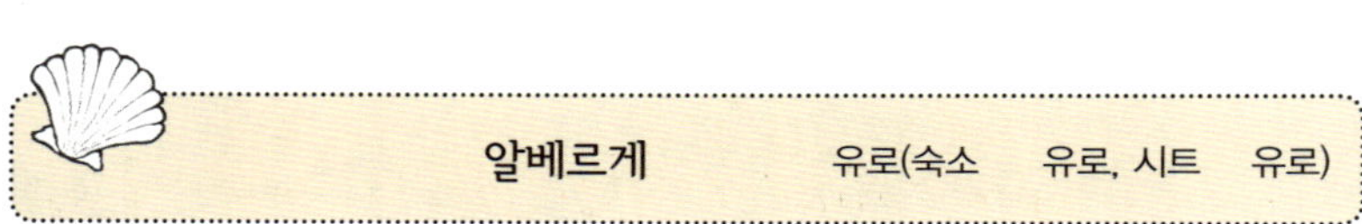

도장 찍기

Fecha

폰 페라다에서 비야프랑카 델 비에르소까지
- 25.4km

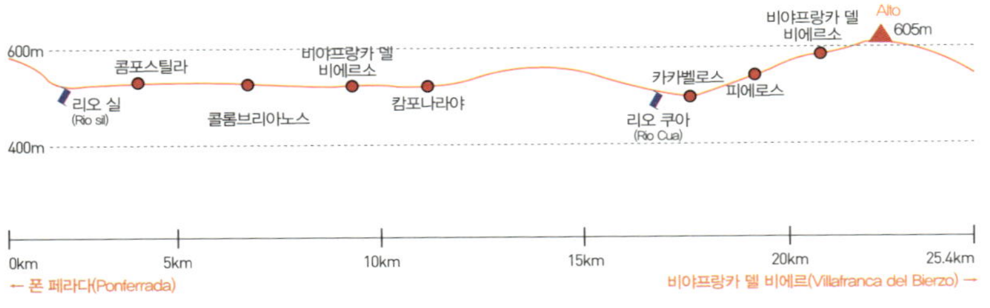

> **이동경로 / 25.4km**
>
> 폰 페라다(Ponferrada) – 콜롬브리아노스(Columbrianos) – 캄포나라야
> (Camponaraya) – 카카벨로스(Cacabelos) – 피에로스(Pieros) – 비야프랑카 델
> 비에르소(Villafranca del Bierzo)

평지 (오르막길 거의 없음)

폰 페라다에서 산티아고 데 콤포스텔라
까지는 약 220km가 남아 있다. 거리가 짧
아질수록 무리하게 걷는 일이 발생하므
로 자신의 페이스대로 걷는 것이 중요하
다. 다행히 폰 페라다에서 카카벨로스
Cacabelos까지는 거의 평지길이어서 걷기는
어렵지 않지만 마지막 비야프랑카 델 비
에르소Villafranca del Bierzo까지 남은
5km가 오르막이라 힘들다.

폰 페라다에서 처음 시작하는 순례자들
은 도시를 가로질러 가기 때문에 길을 잘

비아프랑카 델 비에르소
Villafranca del Bierzo
25.4km
피에로스
Peros
19.7km
카카벨로스
Cacabelos
17.7km
캄포나라야
Camponaraya
와인 공장
Co-op Devinos
11.2km
콜룸브리아노스
Columbrianos
6.6km
폰페라다
Ponferrada
0km

따라 가는 지 확인하면서 이동해야 한다. 폰 페라다는 작은 도시이지만 순례길을 걸으면서 앞으로 남아 있는 도시 중에 사리아와 함께 가장 큰 도시이기도 하다. 캄 포니라야Camponaraya에 있는 와인 공장에 들러 구경을 하고 싶다면 1시간 정도는 지 체된다는 것도 생각하고 걸어야 한다.

비야프랑카 델 비에르소(Villafranca del Bierzo) 공립 알베르게

마을의 초입에 있는 알베르게는 반갑게 느껴진다. 하지만 다음날 출발하여 걷는 거리가 늘어나기 때문에 그리 반가워만 할 일은 아니다.

오래된 건물에 있는 알베르게는 조금씩 수리만 하지 전면적인 보수는 없었기 때문에 다른 알베르게 보다는 시설이 좋지 않다. 겨울에는 특히 난방이 잘 안되기 때문에 침낭이 필요할 수도 있다. 그러나 오래된 시설이 지니는 낭만적인 분위기는 상당히 마음에 든다.

비야프랑카 델 비에르소(Villafranca del Bierzo) 공립 알베르게

| LOCATION | 폰 페라다 ···⟶ 비야프랑카 델 비에르소

| ONE'S TRAVEL SCHEDULE |

시   분 출발,   시   분 도착

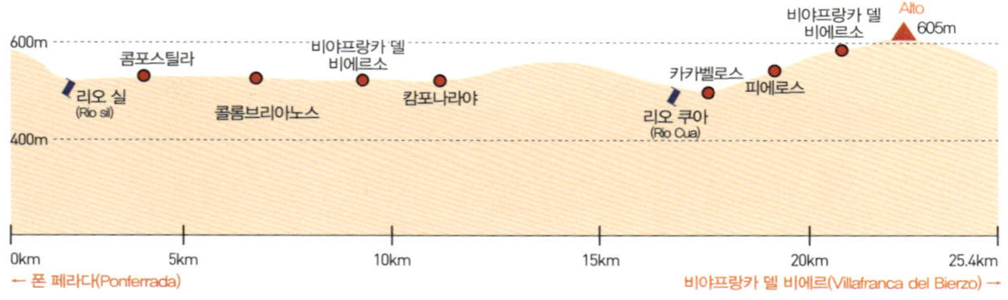

도장 찍기

Fecha

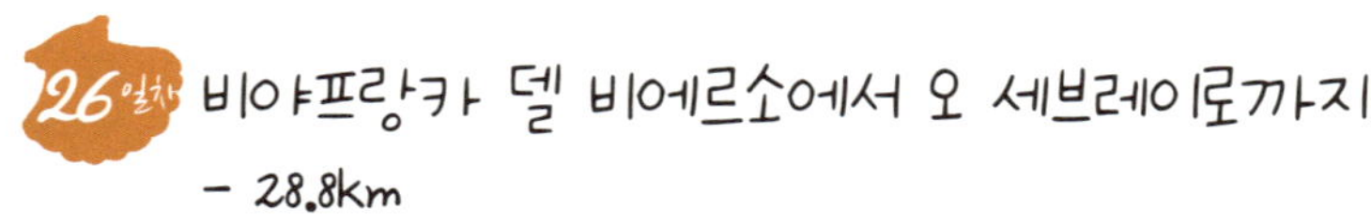

26일차 비야프랑카 델 비에르소에서 오 세브레이로까지
– 28.8km

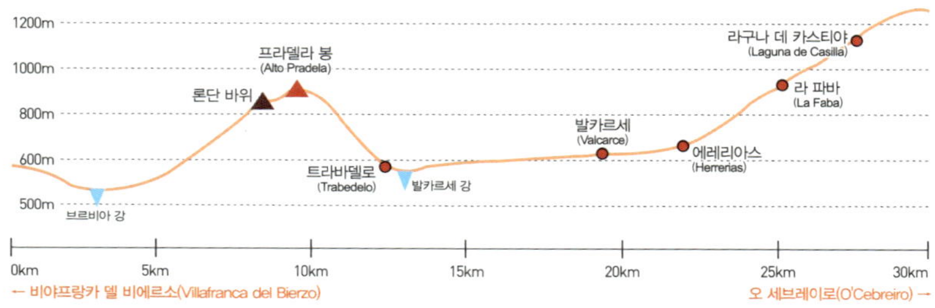

이동경로 / 28.8km

비야프랑카 델 비에르소(Villafranca del Bierzo) – 부르비아 다리(Puente de rio Burbia) – 트라바델로(Trabadelo) – 베가 데 빌카르세(Vega de Valcarce) – 루이텔란(Ruitelan) – 에레리아스(Herrerias) – 라 파바(La Faba) – 라구나 데 카스티야(Laguna de Castilla) – 오 세브레이로(O'Cebreiro)

오르막길 (지속적인 오르막길)

200㎞의 남은 길 중에 가장 힘든 길일 것이다. 길도 N-VI 도로를 걸으면서 A-6고속도로가 완공되면서 통행량이 줄어들기는 했지만 빠르게 이동하는 차량도 조심해야 한다. 오르막길도 단순한 오르막길이 아니라 1,330m의 산을 올라가야 하기 때문에 걷는 시간도 오래 걸린다.

Tip

미리 판단하자!

걷는 거리도 28.8㎞가 넘기 때문에 이동하는 시간도 상당히 오래 걸린다. 아침 일찍 출발해 걸어야 밤늦게 산을 넘어가는 상황을 막을 수 있다. 늦게 출발을 했다면 25㎞ 지점에 있는 라 파바(La Faba) 알베르게에서 하룻밤을 보내고 다음날 일찍 오 세브로이로(O'Cebreiro)로 출발하는 것을 추천한다.

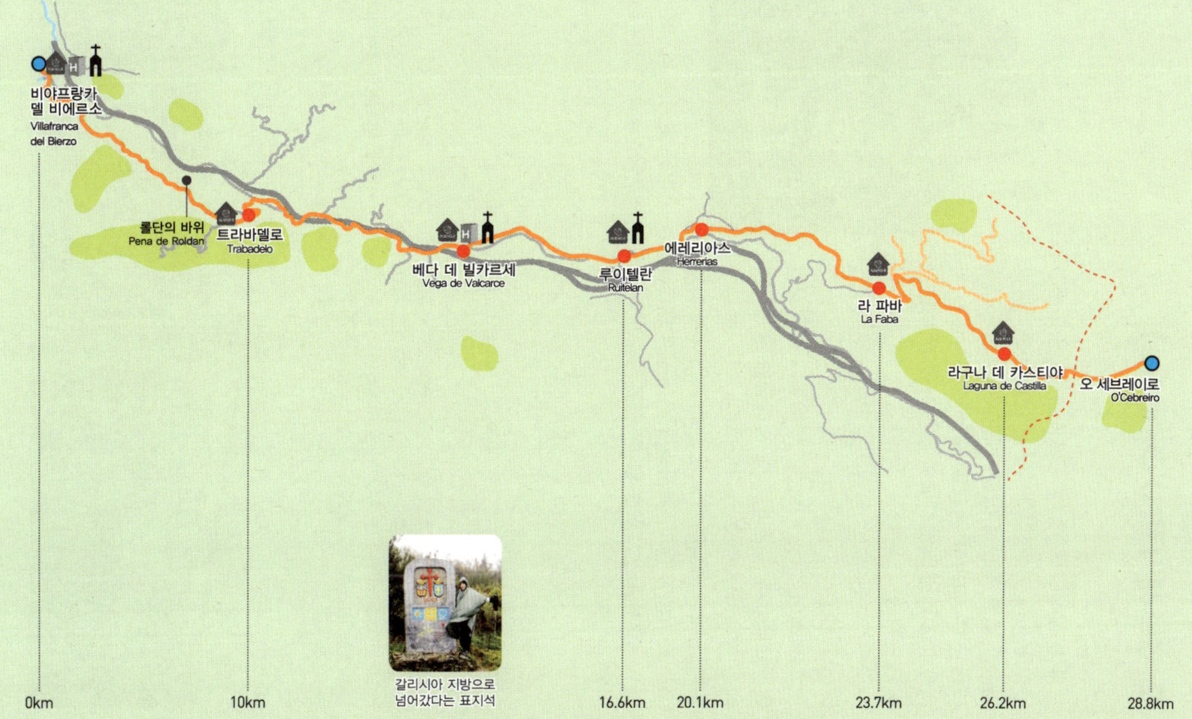

205

오 세브레이로(O'Cebreiro)

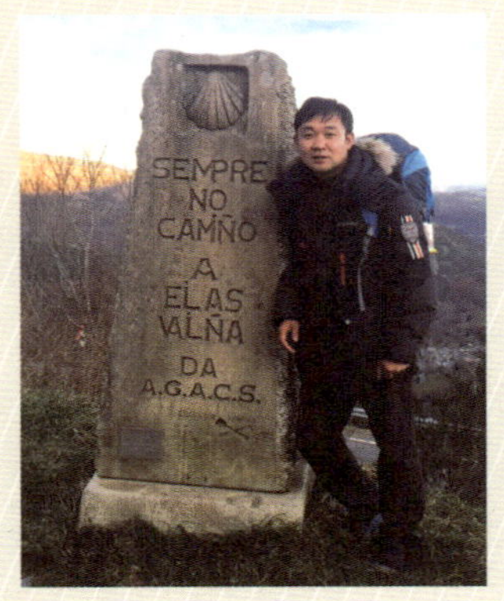

오 세브레이로O'Cebreiro는 고지대에 있는 아름다운 마을이다. 하지만 대부분은 힘들게 도착하여 피곤한 몸은 잠으로 이끌게 된다. 9세기에 만들어진 산타 마리아 성당과 노란색 화살표를 처음으로 사용한 삼페드로의 흉상이 있는 박물관이 볼만하다.

공립 알베르게

오 세브레이로O'Cebreiro 공립 알베르게는 유일한 알베르게라서 일행과 함께 순례길을 걷는다면 대신 예약을 해주고 싶기도 하다. 하지만 다른 일행을 대신 예약하기도 힘들고 개인마다 직접 가서 숙박해야 한다. 가끔씩 여름에는 알베르게에서 숙박을 못하는 경우도 발생한다. 따뜻한 물로 샤워를 할 수 있고 규모도 제법 크기 때문에 순례자들은 이곳에서 만날 수 있다.

 Tip

날씨를 반드시 확인하자.

오 세브로이로에 올라가는 시골길을 진흙으로 뒤덮이는 경우가 많다. 특히 봄이나 겨울에는 비가 자주 내리기 때문에 걷기가 상당히 불편하고 미끄러지는 경우가 허다하다. 사전에 날씨를 확인하고 비가 온다면, 비가 내린 이후라면 가지고 있는 짐을 서비스로 다음 알베르게로 옮기고 걷는 것도 하나의 방법이다.

| DATE | 26

| LOCATION | 비야프랑카 델 비에르소 ···▶ 오 세브레이로

| ONE'S TRAVEL SCHEDULE |

시   분 출발,   시   분 도착

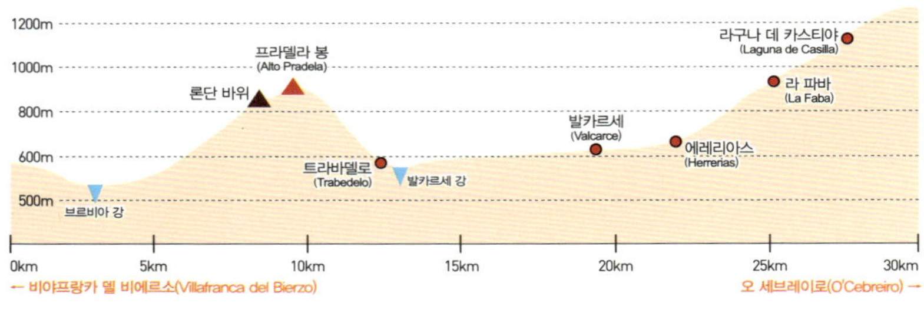

도장 찍기

Fecha

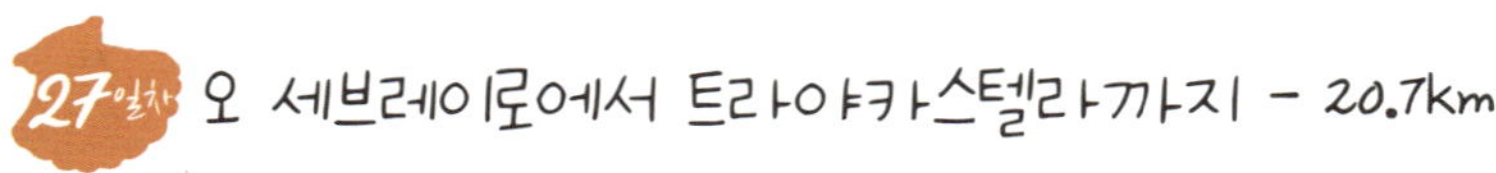

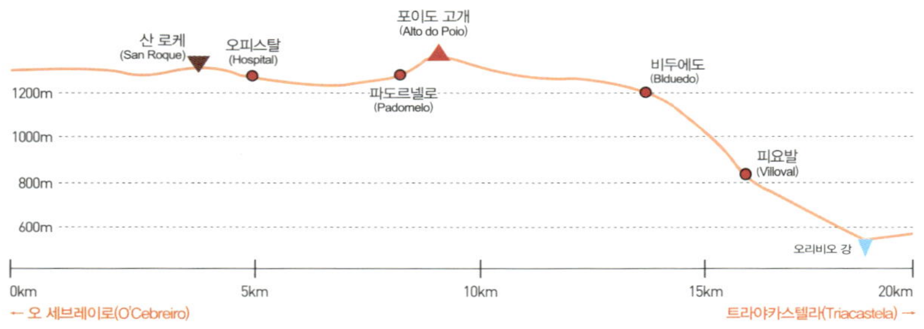

이동경로 / 20.7km

오 세브레이로(O'Cebreiro) – 포요 고개(Alto de Poio) – 비두에도(Biduedo) –
트라야카스텔라(Triacastela)

평지 길 (내리막길에서 더 다칠 수 있다.)

오 세브레이로까지 왔다면 이제 산을 오르는 오르막길이 없다. 그런데 포요 고개
Alto de Poio를 오르는 언덕은 힘들다. 더군다나 길을 걸은 지 얼마 안 되는 시간에 고
개가 나오기 때문에 더 힘들게 느껴진다. 고개 정상에 있는 바Bar에서 잠시 쉬었다
가 내리막길을 걸으면 된다. 어제보다 거리도 짧기 때문에 급하게 걷지 말고 천천
히 풍경을 감상하면서 걷는 것이 좋다.

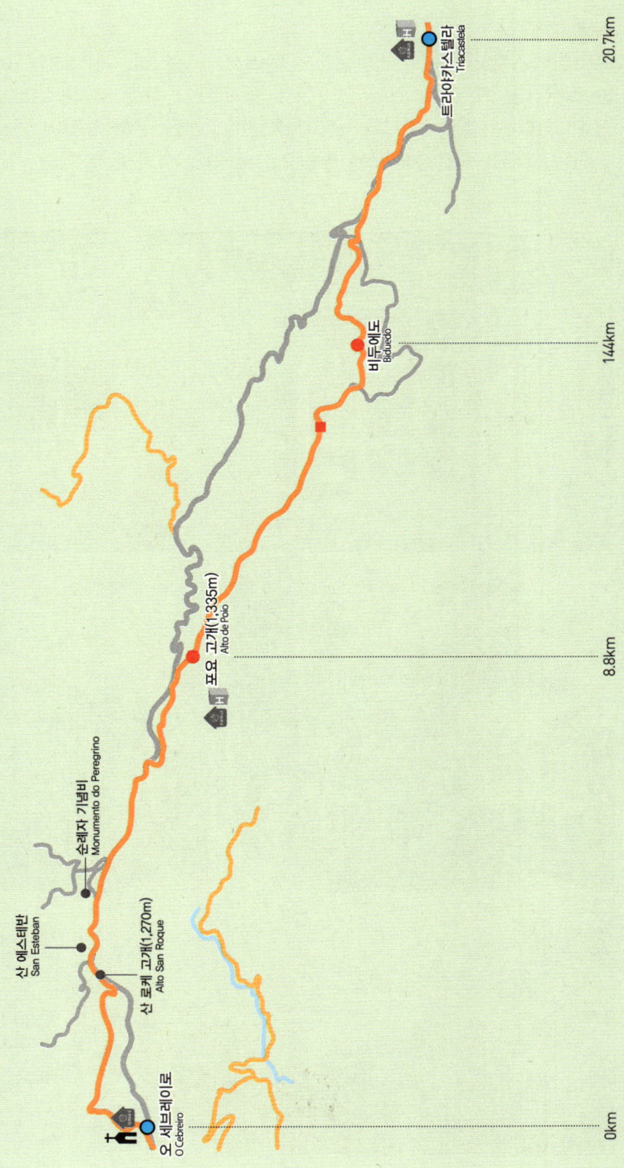
트리아카스텔라
Triacastela
20.7km
비두에도
Biduedo
14.4km
포요 고개(1,335m)
Alto de Poio
8.8km
순례자 기념비
Monumento do Peregrino
산 에스테반
San Esteban
산 로케 고개(1,270m)
Alto San Roque
오 세브레이로
O Cebreiro
0km

알베르게

트라야카스텔라^{Triacastela}에는 3개의 알베르게가 있다. 마을의 입구에 있는 알베르게는 작은 마트와 함께 있어 편리한 장점이 있고 다른 2개의 알베르게는 시설이 조금 더 좋다는 장점이 있다. 여름에는 알베르게를 구하는 것이 쉽지 않지만 10월 말부터는 알베르게에 순례자들이 없으므로 쉽게 숙박할 수 있다.

| LOCATION | 오 세브레이로 ⋯▸ 트라야카스텔라

| ONE'S TRAVEL SCHEDULE |

시   분 출발,   시   분 도착

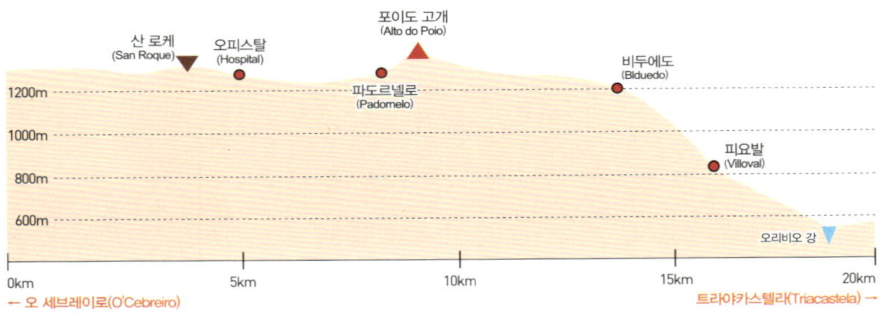

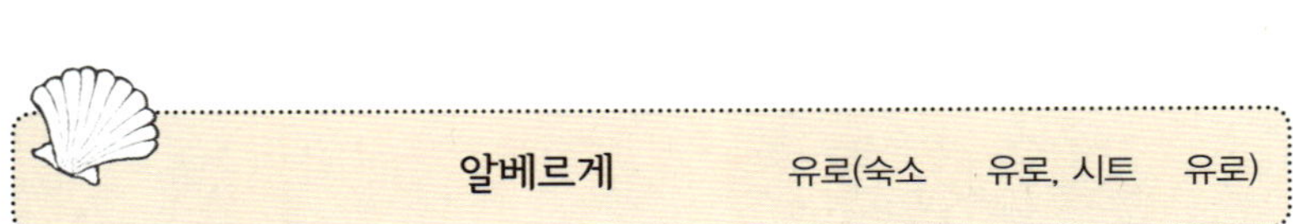

도장 찍기

Fecha

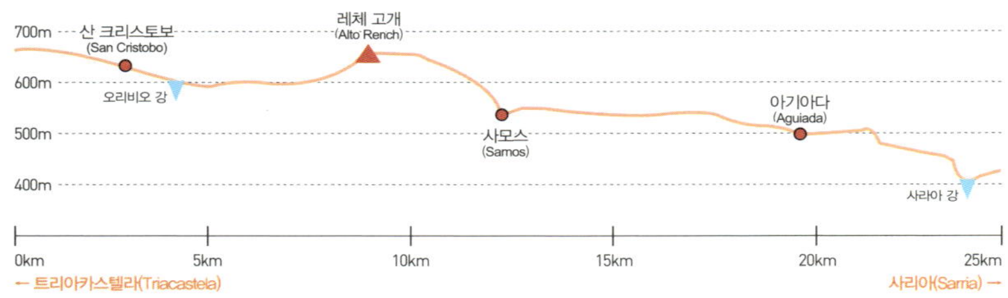

이동경로 / 25km

트리아카스텔라(Triacastela) – 산 크리스토보(San Cristobo) – 사모스(Samos)
– 다리(Puente) – 아기아다(Aguiada) – 사리아(Sarria)

평지 길 (전체적으로 평이한 길)

트리아카스텔라Triacastela에서 사모스Samos
로 이동하는 루트는 2가지(남쪽 루트 / 산
실을 경유하는 북쪽 루트)이다. 대부분의
순례자들은 남쪽 루트를 따라 이동한다.
북쪽 루트는 거리는 6.km가 더 짧지만 험
난하다. 그래서 포장도로인 남쪽 루트를
따라 길을 걸어간다.

오리비오 강Rio Oribio의 숲길을 따라 11.7km
를 걸어가면 사모스에 도착하는 데 스페

인에서 가장 오래된 수도원이 있는 곳이다. 사모스에서 점심을 해결하고 쉬었다가
사리아까지 걸어가면 된다. 대부분 차량도로의 옆으로 걸어가기 때문에 차량을 조
심해야 한다.

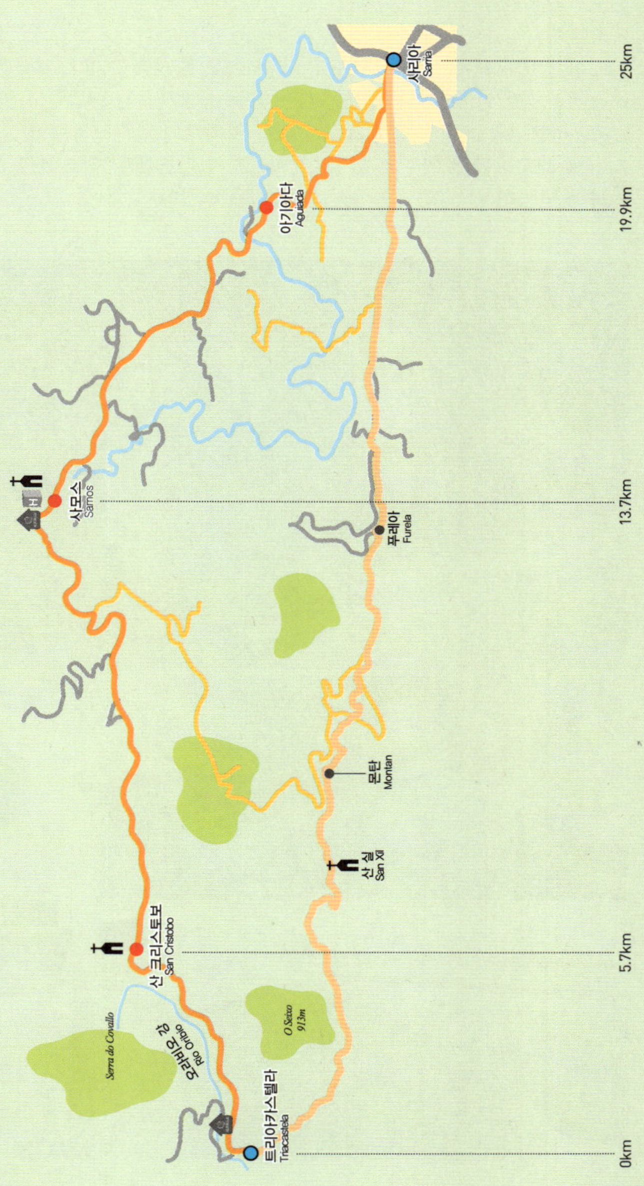
사리아
Sarria
25km
아기아다
Aguada
19.9km
사모스
Samos
푸레아
Furela
13.7km
몬탄
Montan
산실
San Xi
산 크리스토보
San Cristobo
5.7km
O Seixo
913m
Serra do Covallo
오리비오 강
Río Oribio
트리아카스텔라
Triacastela
0km

사리아 알베르게는 규모는 크지 않다. 시설도 중급정도이다. 그래서 6개의 사립알베르게가 공립알베르게가 수용하지 못하는 순례자들을 도와주고 있다.
1층에 세탁기와 식탁들이 있고 입구에는 알베르게를 관리하는 인상이 좋은 할아버지가 순례자들을 도와주고 있다. 2층에 30개의 침대로 이루어진 룸이 있다. 간혹 겨울에 난방이 안 되니 미리 난방을 요청해야 한다.

Sarria
Turismo
BENVIDOS
BIENVENIDOS
WELCOME
BIENVENUS
BENVENUTI
WILLKOMMEN
BEM-VINDOS

| LOCATION | 트라야카스텔라 ⋯⟶ 사리아

| ONE'S TRAVEL SCHEDULE |

시   분 출발,   시   분 도착

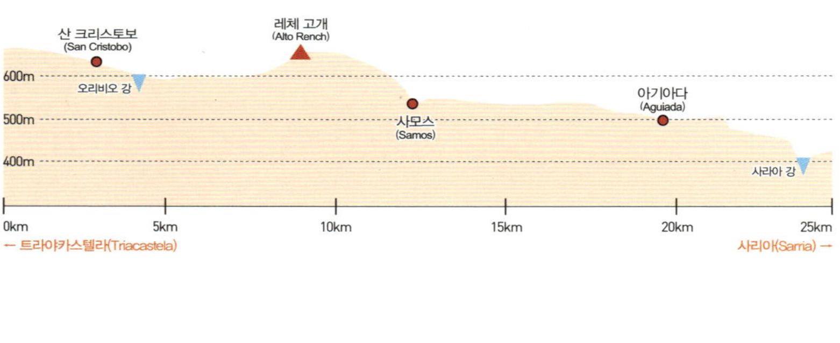

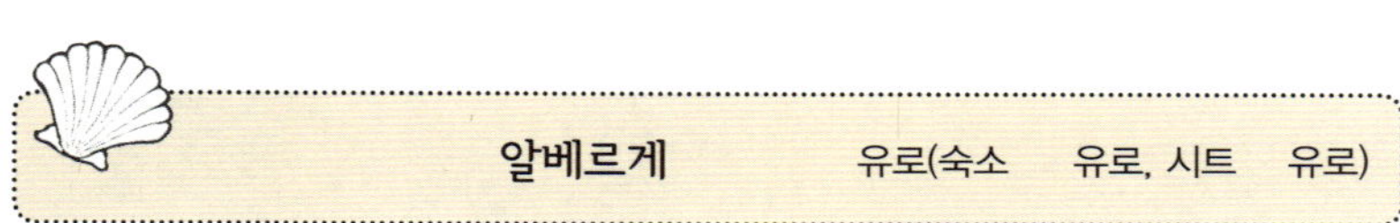

도장 찍기

Fecha

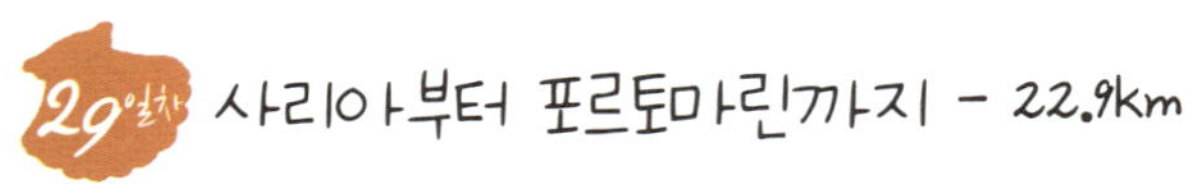

사리아부터 포르토마린까지 - 22.9km

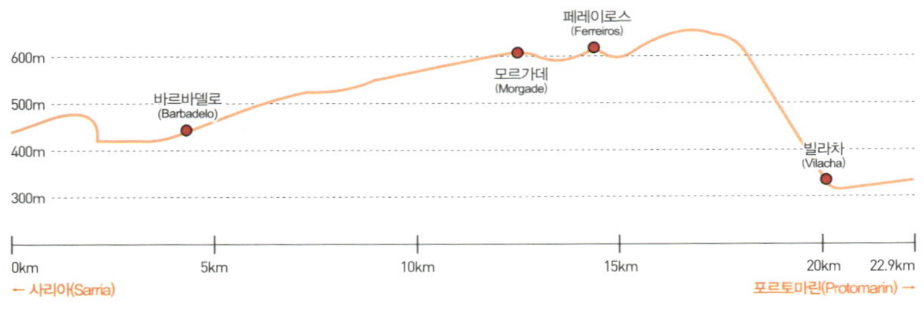

이동경로 / 22.9km

사리아(Sarria) – 바르바델로(Barbadelo) – 모르가데(Morgade) – 빌라차 (Vilacha) – 포르토마린(Portomarin)

처음 오르막길을 빼면 평지 길 (전체적으로 평이)

사리아 성당에서 직진으로 가면 순례자의 길이 시작된다. 도시를 벗어날 때 어두운 아침이라면 길을 혼동할 수 있다. 오른쪽으로 돌아가는 작은 다리를 건너야 한

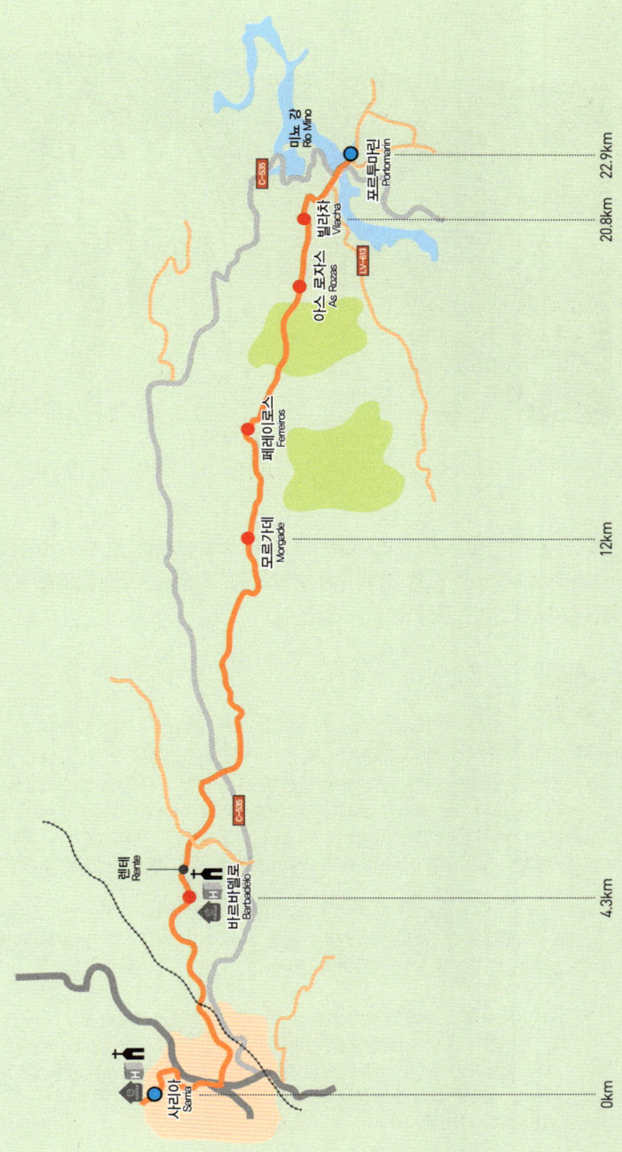
미뇨 강
Río Miño
C-535
빌라차
Vilacha
포르투마린
Portomarin
22.9km
20.8km
아스 로자스
As Rozas
LV-613
페레이로스
Ferreiros
모르가데
Morgade
12km
C-535
렌테
Rente
바르바델로
Barbadelo
4.3km
사리아
Sarria
0km

다. 위로 직진하면 안 되니 처음에 노란색 화살표를 잘 보고 이동하도록 하자. 포르토마린까지 미로 같은 좁은 길, 내리막길, 오솔길, 포장도로를 지나며 노란 화살표를 잘 보고 가야 길을 놓치지 않는다.

Tip

110km 순례자를 위한 조언

사이아(Sarria)에는 중심가인 "루아 마이오르"가 있다. 작지만 산티아고를 가는 110km안에서는 작지 않은 도시라는 사실을 알게 된다. 기차역에서 나오면 택시들이 서 있고 오른쪽으로 걸어 올라가면 성당과 예배당, 알베르게가 모여 있다. 겨울을 제외하고는 버스와 기차를 타고 순례자들이 많이 들어오기 때문에 사리아(Sarria)에 있는 알베르게는 상당히 북적인다.

마드리드(Madrid)에서 사리아(Sarria)로 이동해 걷는 110km 순례자들은 약 4~5일 정도 걸어서 산티아고 데 콤포스텔라로 들어간다. 짧은 시간에 110km를 걷기 때문에 부족한 물품들은 사리아Sarria에 도착하면 사서 이용하면 된다.

사리아에 저녁에 도착하면 알베르게로 이동하여 알베르게에서 크레덴시알, 즉 순례자여권을 만들어 지나가는 곳마다 도장을 받아야 한다. 110km부터 걷는 순례자들은 하루에 도장을 최소 2개 이상씩 받아야 한다. 너무 도장의 개수가 적으면 그래서 아침, 점심, 저녁 식사를 하기위해 바(BAR)나 카페에 간다면 도장을 받도록 하자. 그래야 산티아고 순례자 사무소에서 순례자 완주를 했다고 인정해 준다.

포르토마린(Portomarin)

원래 있던 도시가 침수된 후 현재의 위치로 다시 바뀌었다고 한다. 포르토마린 다리를 건너면 마을이 나오는데 규모가 크지는 않다. 성당은 로마네스크와 고딕양식이 교차하는 지점의 정면에 있는 창을 통해 들어오는 빛과 톱니모양의 지붕이 특징이 있다. 푸에블로 근처에 있는 시립 알베르게 주변에 다양한 상점과 카페가 밀집되어 있으니 여기서 모든 것을 해결하면 된다.

시립 알베르게
산 니콜라스 성당 뒤에 있는 현대적인 건물로 바뀌었다. 약 110명이 이용할 수 있는 알베르게는 6€(시트 1€)이고 정원에 주방, 식당, 세탁기 등이 있다. 여름에는 맞은 편 학교와 시립체육관에 100명이 더 머물 수 있다고 한다.

사설 알베르게
두 블록 아래 루아 도 미노^{Rua do Mino}거리 위에 있다. 3개의 방에 7개의 침대 이용료는 10유로이다.

| DATE | 29

| LOCATION | 사리아 ···▶ 포르토마린

| ONE'S TRAVEL SCHEDULE |

시　분 출발,　시　분 도착

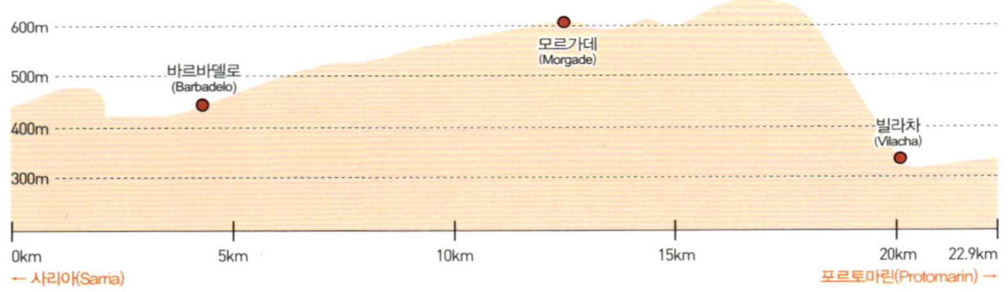

알베르게　　　　　유로(숙소　유로, 시트　유로)

도장 찍기

Fecha

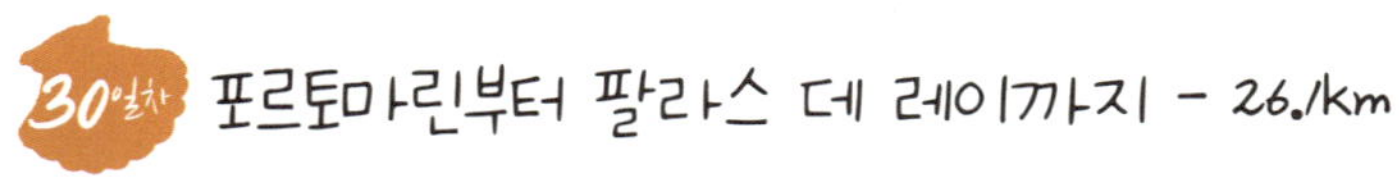

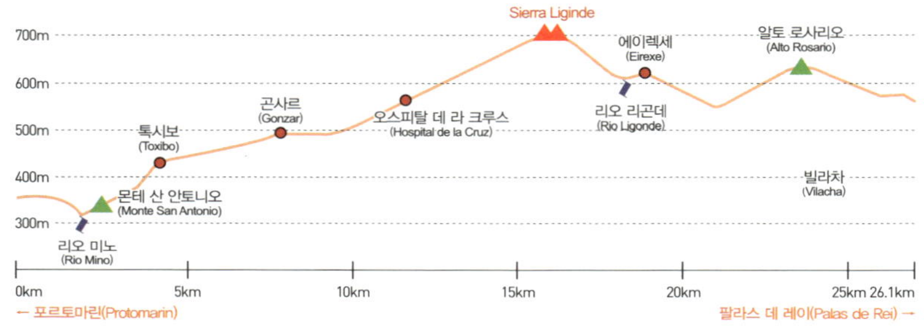

이동경로 / 26.1km

포르토마린(Portomarin) – 곤사르(Gonzar) – 오스피탈 데 라 크루스(Hospital de la Cruz) – 에이렉세(Eirexe) – 아 브레아(A Brea) – 팔라스 데 레이(Palas de Rei)

완만한 오르막길

지도를 보면 오스피탈 데 라 크루스까지 오르막길로 이어진다. 2차선 도로의 좌우로 걸어가도록 되었는데, 차가 꽤 지나다니는 국도이다. 가끔 도로 옆 소로길이 없어져 도로를 걷기도 하지만 조심해야 한다.

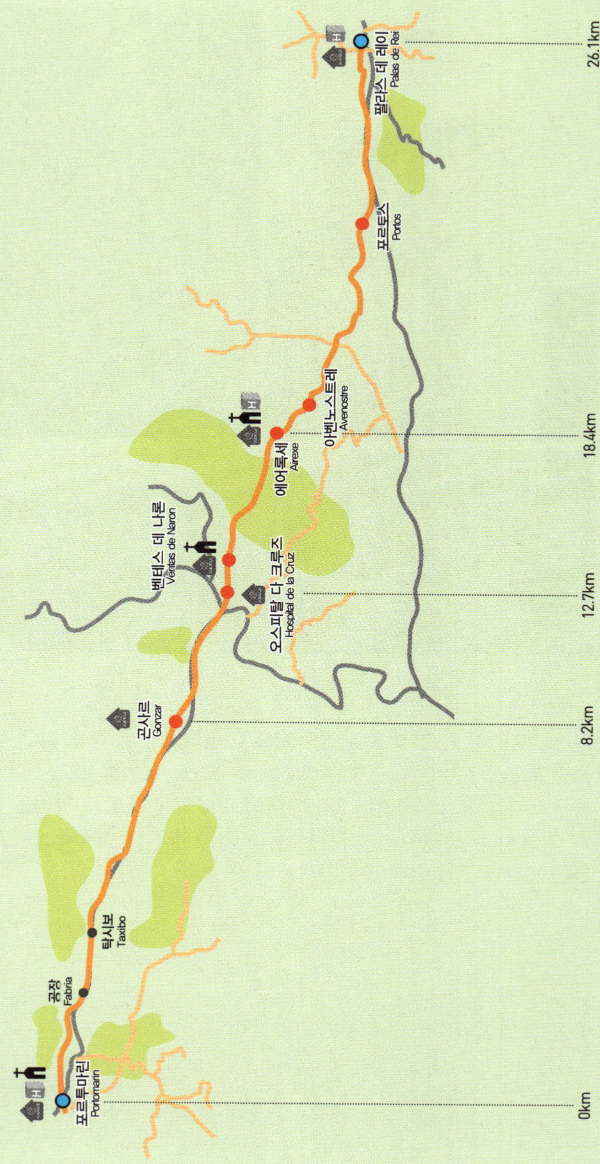
팔라스 데 레이
Palas de Rei
26.1km
포르토스
Portos
아벤노스트레
Avenostre
18.4km
에이룩세
Airexe
벤타스 데 나룬
Ventas de Naron
오스피탈 다 크루즈
Hospital de la Cruz
12.7km
곤사르
Gonzar
8.2km
탁시보
Taxibo
파브리아
Fabria
포르투마린
Portomarin
0km

N-547도로의 옆으로 소로길이 계속 이어지고 작은 마을들이 나오는 전형적인 스페인 시골마을이다. 리곤데 산맥과 로사리오 고래를 올라가야 해 피곤이 빨리 찾아온다. 팔라스 데 레이는 S자 형태의 구부러진 도로가 마을을 통과해 알베르게 까지 이어진다. 중세에 이 마을은 순례의 마지막 단계에서 순례자들이 쉬거나 함께 가는 그룹을 만들었던 곳이다.

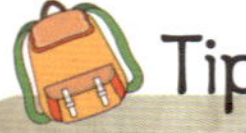 Tip

멜리데까지 가려는 순례자를 위한 조언

포르토마린에서 팔라스 데 레이까지는 조금 오르막길이 많은 편이다. 그 이후 멜리데까지는 40㎞인데, 팔라스 데 레이 이후에는 평탄한 길이라 멜리데까지 가는 경우도 있다. 멜리데까지 가겠다고 생각한다면 포르토마린에서는 일찍 출발하는 것이 좋다.

팔라스 데 레이(Palas de Rei)

콘세요 광장과 주도로가 만나는 지점에 공립 알베르게가 있다. 순례길의 통로에 있어 찾기가 쉽다. 알베르게 바로 앞에 가게가 있어 좋지만 크지않아 먹을만할 것들이 포르투마린에 비해 적다. 알베르게 정면 건너편에는 마을회관이 있고 옆쪽으로 바^{BAR}가 있다. 이 곳에서 아침을 먹고 스탬프를 찍고 난 후에 출발해도 좋은 방법이다. 그러니 빨리 저녁을 먹고 쉬는 편이 더 좋은 방법이다.

시립 알베르게

1년내내 운영하고 6개의 방에 110개의 침대가 있다. 마을 초입 산 니콜라스 성당 뒤에 2007년에 문을 연 새 알베르게로 110명이 머물 수 있는 현대적인 건물로 바뀌었다.
침대와 세탁기, 건조기, 주방과 식당이 있으며 이용료는 6€(시트비용 1€ 포함)이다. 예전의 알베르게는 시청 앞에 있는 마을 속에 있다. 60개의 침대와 거실이 있고 이용료는 5€이다. 다들 새로운 알베르게를 이용하려고 한다.

사립 알베르게 | Buen 까미노

시청 광장에 있으며 42명이 사용할 수 있는 이층침대가 있다. 인터넷을 제공하며 세탁기, 건조기를 유료로 사용하실 수 있다.

| LOCATION | 포르토마린 ⋯→ 팔라스 데 레이

| ONE'S TRAVEL SCHEDULE |

시   분 출발,   시   분 도착

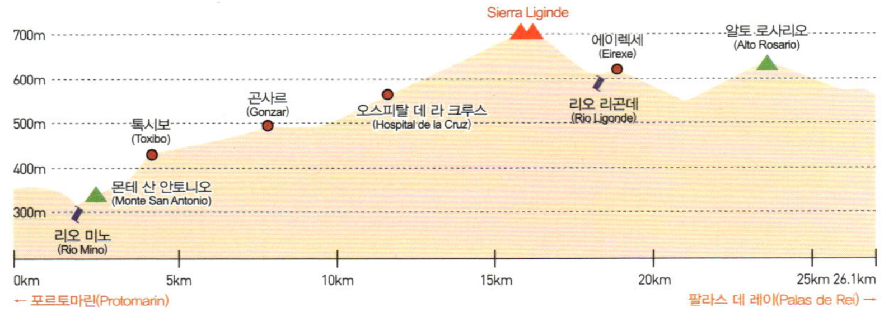

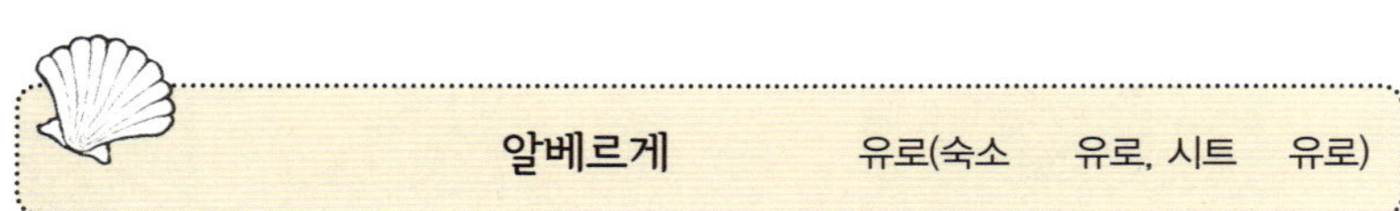

도장 찍기

Fecha

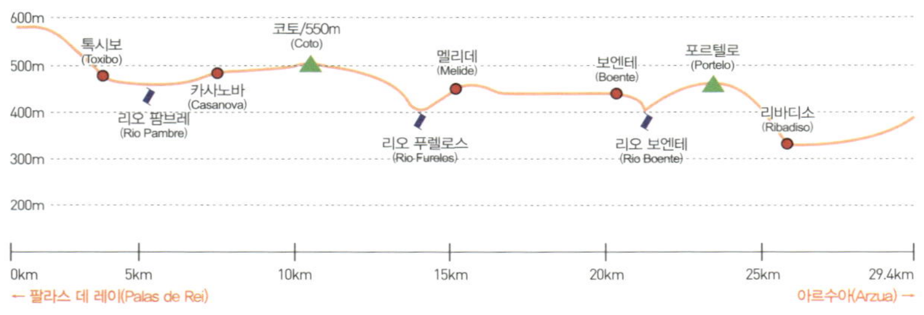

이동경로 / 29.4km

팔라스 데 레이(Palas de Rei) − 레보레이로(Leboreiro) − 멜리데(Melide) − 보엔테(Boente) − 리바디소(Ribadiso) − 아르수아(Arzua)

평지길

오늘은 마지막으로 약 30㎞ 정도 걷는 힘든 하루가 될 것이다. 되도록 일찍 출발하는 것이 어두운 저녁에 들어가지 않는 방법이다. 팔라스 데 레이에서 멜리데까지는 평지에 아스팔트가 많다. N−547번 도로를 따라 가기도 하고 터널도  지나가기도 한다. 나머지 구간은 숲으로 이루어진 길인데 평지여서 어렵지는 않다. 멜리데는 스페인 북부의 해안에서 잡히는 문어로 만드는 매콤한 뽈뽀[Polpo]가 유명하다. 26㎞걷고 나서 마주하는 리바디소에서 걷는 약 3㎞의 오르막길은 의외로 힘이 든다. 천천히 걸어가도록 하자.

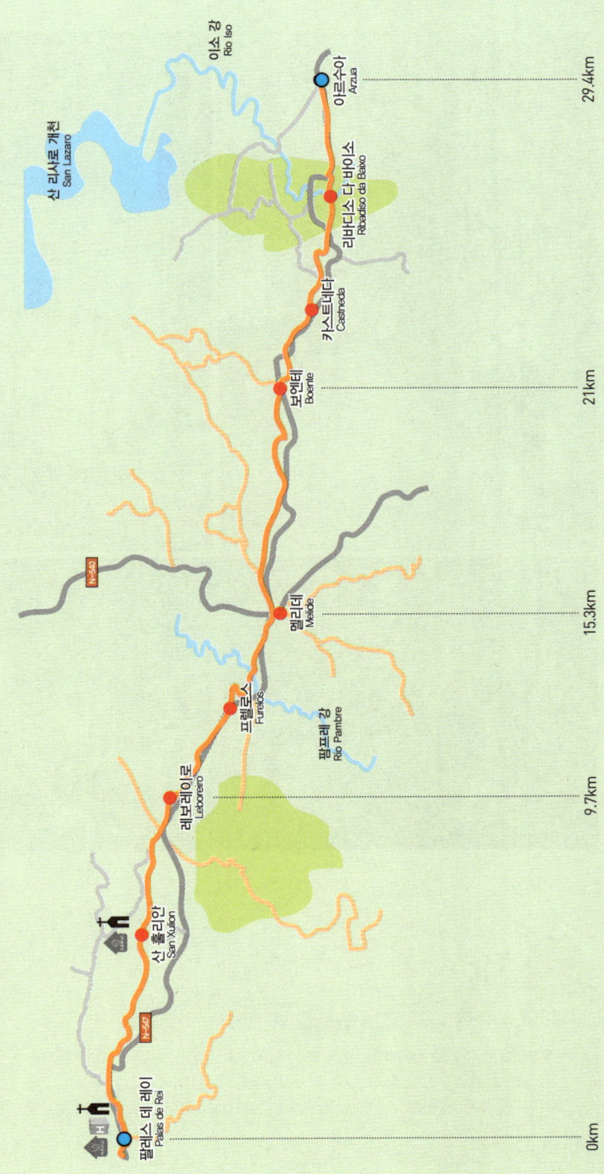
이소 강
Rio Iso
이르수아
Arzua
29.4km
산 라사로 개천
San Lazaro
리바디소 다 바이소
Ribadiso da Baixo
카스테다
Casteneda
보엔테
Boente
21km
N-540
멜리데
Melide
15.3km
푸렐로스
Furelos
팜프레 강
Rio Pambre
레보레이로
Leboreiro
9.7km
산 훌리안
San Xulion
N-547
팔라스 데 레이
Palas de Rei
0km

 Tip

자신의 체력에 따라 걷는 일자를 조정하자.

멜리데까지 오면 약 50㎞를 남겨 놓았다고 생각하면 된다. 이제 하루를 온전히 걷고 다음날 산티아고로 들어갈 수도 있고 나누어서 2일을 더 걸어 들어갈 수도 있다. 리바디소는 작을 마을로 이소 강가에 자리하고 있다. 아르수아(Arzua)까지 가벼운 오르막으로 약 3㎞정도 가면 도착할 수 있다.

리바디소 (Ribadiso) 알바르게

작을 마을 안의 이소강가에 있는 주택가에 자리잡고 있다. 가벼운 오르막길로 약 2㎞정도 가면 찾을 수 있다. 캠핑장이 갖춰져 있으며 62명이 이용 가능하고 이용료는 6유로이다.

아르주아 알바르게

아르주아는 작은 마을로 도로 양쪽으로 길게 되어 있는 마을이다. 특별히 볼 것들이 많은 마을은 아니므로 시간이 없다면 그냥 지나쳐도 된다.

마을을 가로질러 도로 왼쪽에 있는 큰 건물이 알베르게이다. 도로를 가다보면 잘 보이지 않으니 잘 보시고 모르면 물어보세요. 120명이 이용가능하며 이용료는 6유로이다.

| LOCATION | 팔라스 데 레이 ⋯ 아르수아

| ONE'S TRAVEL SCHEDULE |

시   분 출발,   시   분 도착

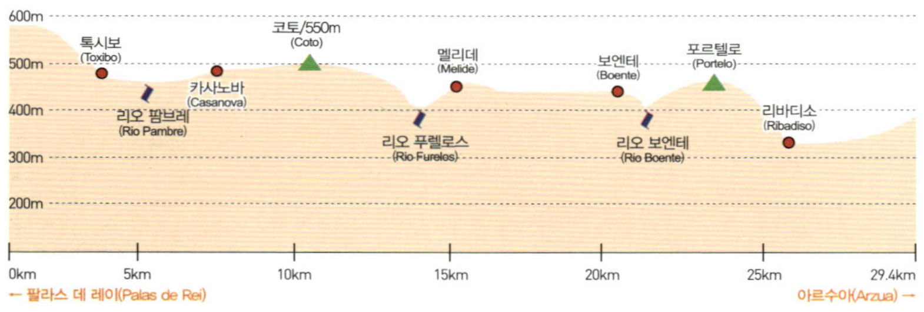

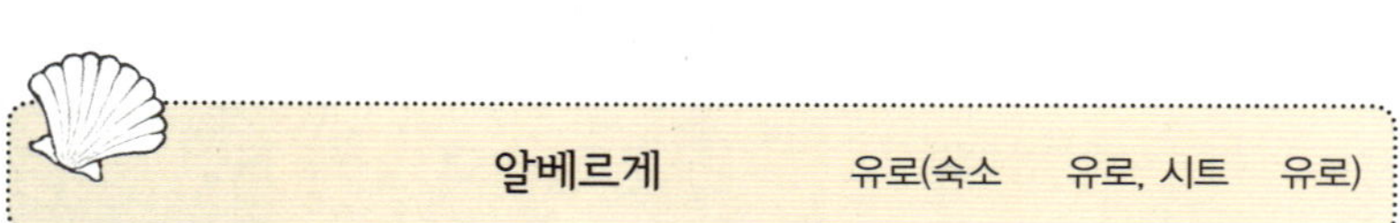

도장 찍기

Fecha

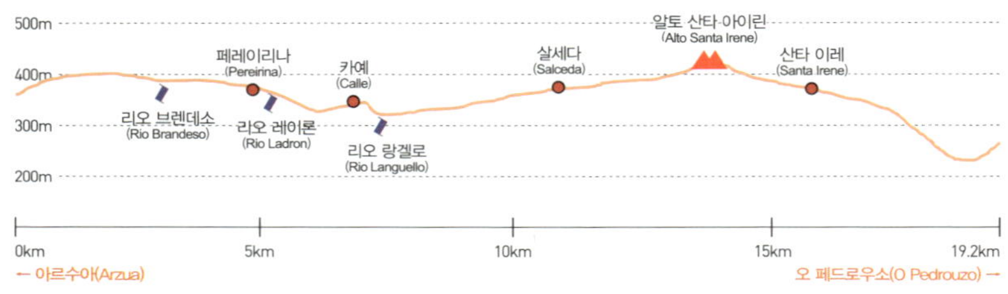

이동경로 / 19.2km

아르수아(Arzua) − 카예(Calle) − 산타 이레네(Santa Irene) − 오 페드로우소(O Pedrouzo)

평지길

본격적으로 산티아고 데 콤포스텔라 근처로 진입하는 날이다. N−547번 도로를 여러 번 만나게 된다.

N−547번 도로를 갈리시아 지방에서 가장 중요한 도로로 모든 차량이 이 도로를 이용하므로 상당히 차량의 통행이 많다. 그런데 도로 옆으로 걷거나 통과하고 터널을 통과하기도 하기 때문에 조심해야 한다.

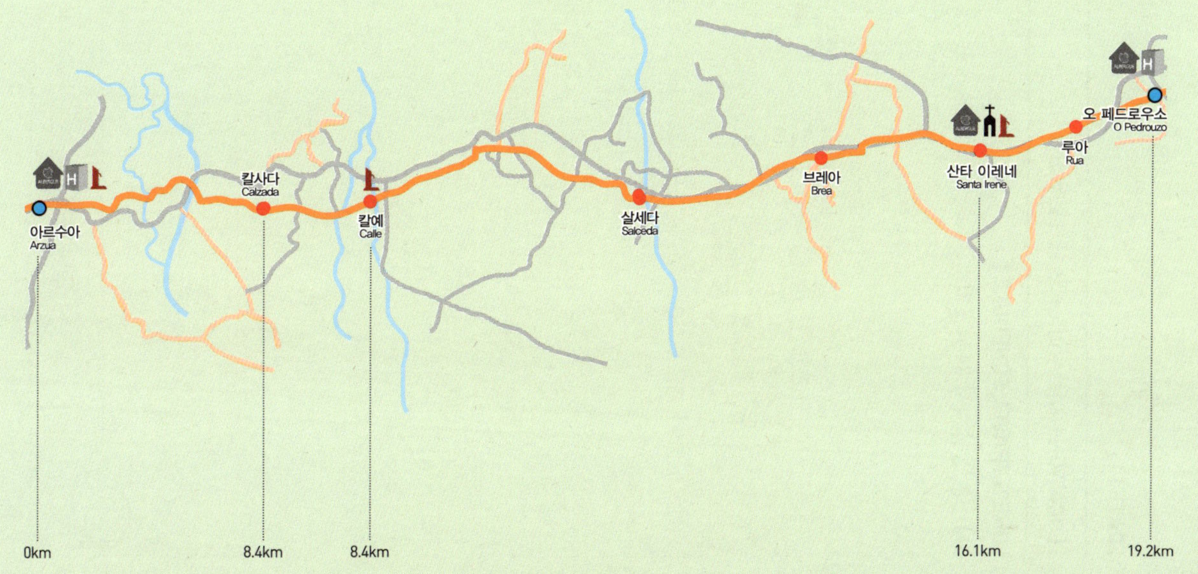
아르수아
Arzua
0km
칼사다
Calzada
8.4km
칼예
Calle
8.4km
살세다
Salceda
브레아
Brea
산타 이레네
Santa Irene
16.1km
루아
Rua
오 페드로우소
O Pedrouzo
19.2km

| LOCATION | 아르수아 ···▶ 오 페드로우소

| ONE'S TRAVEL SCHEDULE |

8시15분 출발, 1시 34분 도착

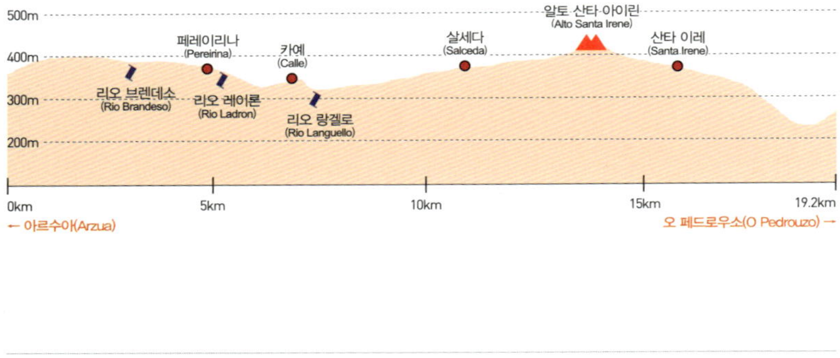

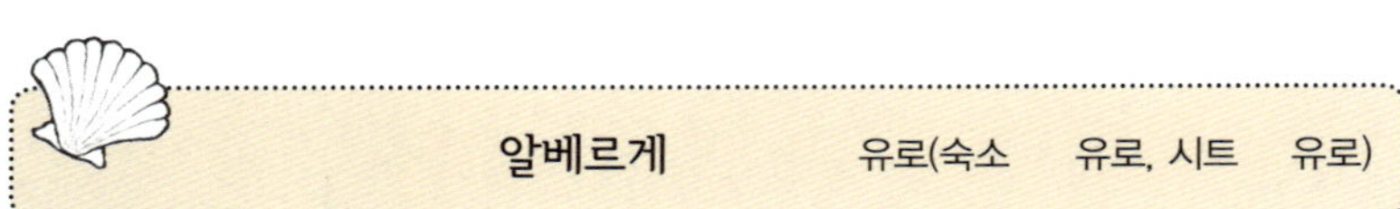

도장 찍기

Fecha

33일차 오 페드로우소부터 산티아고 데 콤포스텔라까지 – 20.5km

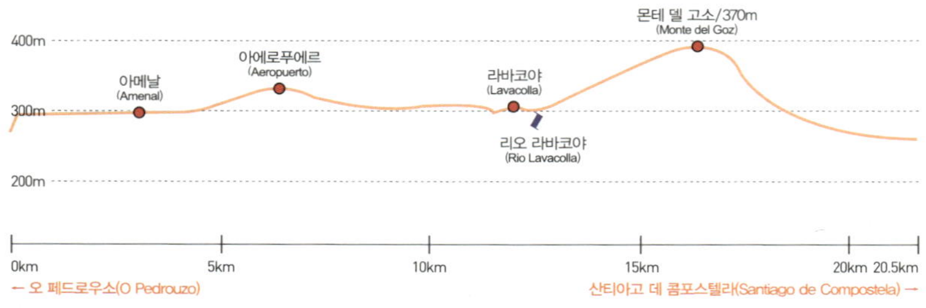

평지길

드디어 산티아고 순례길, 프랑스 길의 마지막 지점인 산티아고 데 콤포스텔라Santiago de Compostela에 도착하는 날이다. 기쁜 마음으로 출발하지만 의외로 도착하는 구간이 오르막길이 있어서 쉽지는 않다. 유칼립투스 숲길은 오르막이 조금 있지만 이내 평지로 바뀐다.

숲은 산티아고 공항까지 이어지지만 본격적으로 포장도로가 나타난다. 포장도로로 상당 구간이 오르막길로 몬테 델 고소까지 이어져 마지

244

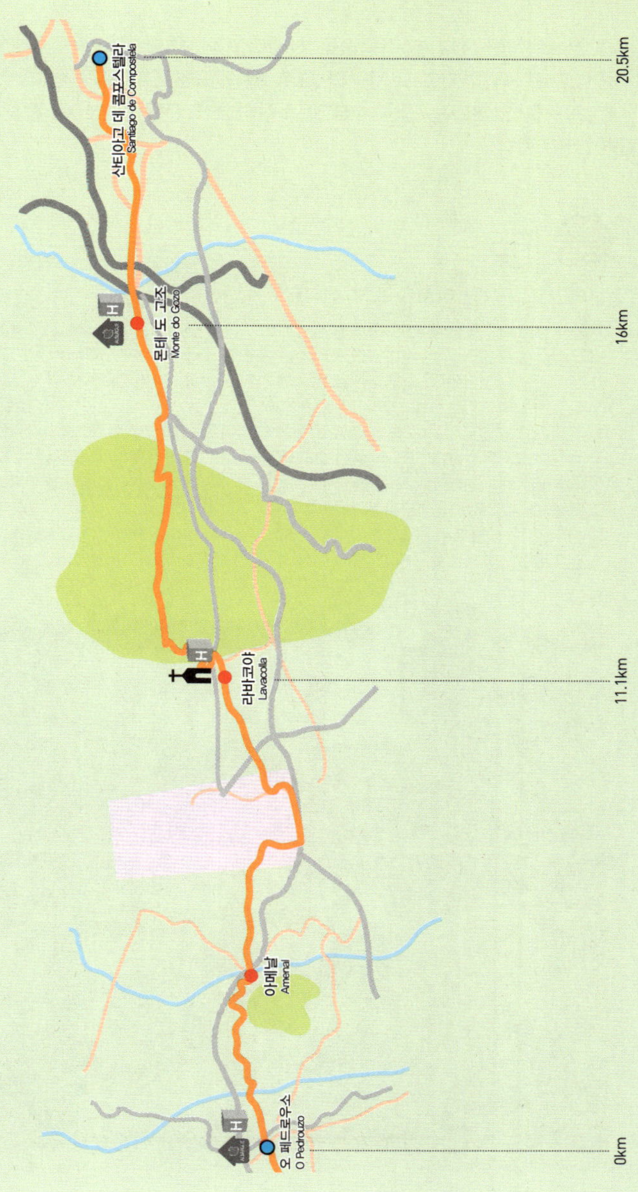
산티아고 데 콤포스텔라
Santiago de Compostela
몬테 도 고조
Monte do Gozo
라바콜랴
Lavacolla
아메날
Arenal
오 페드로우소
O Pedrouzo
20.5km
16km
11.1km
0km

막으로 꽤 힘이 든다. 본격적으로 산티아고 데 콤포스텔라^{Santiago de Compostela}로 진입하면 도로가 넓어지고 교차로와 도로 옆 인도로 걸어가야 한다. 마지막 산티아고 대성당으로 걸어가는 길을 상당히 복잡하여 표지판이나 노란색 화살표를 잘 보고 걸어가야 한다.

 Tip

산티아고 대성당 미사를 보고 싶다면?

유럽의 순례자들은 중세부터 라바코야(Lavacolla)에서 순례자들이 걸으면서 더러워진 자신의 몸을 씻고 다음날 출발하는 의식이 있어 도착하는 지점이 다르기도 하다. 아니면 끝까지 도착한 후 다음날 산티아고 대성당만 보고 완주증을 받으러 가기도 한다. 선택은 순례자 각자가 정하게 된다.

1 산티아고 대성당의 미사를 보려고 최대한 산티아고 데 콤포스텔라(Santiago de Compostela)에 접근해 11시까지 도착하려고 하는 순례자들도 있다. 그들은 전날에 9.4km만 남아 있는 라바코야(Lavacolla)나 몬테 델 고소(Monte del Gozo)에 도착해 마지막 날 출발을 하기도 한다. 전날 30km를 걸어야 하는 강행군을 해야 한다.

2 아니면 오 페드로우소에서 몬테 델 고소(Monte del Gozo)까지만 걷고 다음날 4.5km만 걸어가는 경우도 있다. 조금 더 여유롭게 걸을 수 있기 때문에 많이 선택한다.

산티아고 데 콤포스텔라(Santiago de Compostela)

산티아고 순례길의 종착지로 기독교 3대 성지이기도 하다. '산티아고'란 스페인어로 성 야곱을, '데 콤포스텔라'는 별이 내리는 들판을 뜻하는 말이다. 주교 테오드미로가 수도사들과 하마께 성 야곱의 무덤을 발견한 것을 계기로 성 야곱을 기리기 위한 성당을 건축하기 시작했고 이 성당이 지금의 카테드랄의 기초가 되었다. 카테드랄 옆에 있는 오브라도이로 광장을 비롯해 구시가 주변에는 순례자의 모습을 볼 수 있다.

성당 안에 들어가면 '영광의 문' 중앙에 앉아 있는 성 야곱을 볼 수 있다. 수 많은 순례자들이 돌기둥에 손을 대며 기도를 드려서 기둥에는 닳아서 반질반질해지고 파여 있는 다섯 손가락의 흔적이 남아 있다.
성당에서 미사를 드리고 나면, 알라메다 공원으로 가자. 공원 안의 페라두라 산책

로에서 카테드랄의 첨탑과 거리를 볼 수 있다. 또한 도시에서 5km떨어진 곳에 '환희의 언덕'인 몬데 도 고소가 있는데 순례자들이 처음으로 카테드랄의 모습을 볼 수 있는 곳이다. 알라메다 공원에서 내려오면 오브라도이 광장에서 구시가 주변을 도는 관광열차(6유로)를 타는 것도 색다른 산티아고를 볼 수 있는 방법이다.

카테드랄 뒤편으로 가면 '성스러운 문'이 있는데 '면죄의 문'으로 불리우는 문이다. 상 야곱의 날인 7월 25일이 일요일에 해당하는 해에만 개방한다고 한다. '성스러운 문'에 접한 광장은 칸타나 광장이다. 구시가를 다 보았다면 프랑코거리와 비야르거리로 가서 기념품 등을 둘러보고 갈리시아 광장으로 이동하면 산티아고를 다 볼 수 있다.

치유

조대현

상처를 치유하는
가장 좋은 방법은
상처를 받지 않으면 된다.

상처를
받지 않으려면
나 자신을
먼저
바라보아야 한다.

우리가 우리 자신을
먼저 바라보지 않는 이유는
연역함과 취약함을 상대에게
드러내고 싶지 않아서다.

상대의 공격을 받을까 두려워서

그토록 집요하게
남들의 모습을 파고들고
판단하는 데만 열중하다가
오히려 큰 상처를 받는다.

마음껏 연약하고
취약함을 드러내고
부드럽게 대하라.

| LOCATION | 오 페드로우소 ···▸ 산티아고 데 콤포스텔라

| ONE'S TRAVEL SCHEDULE |

8시15분 출발, 1시 34분 도착

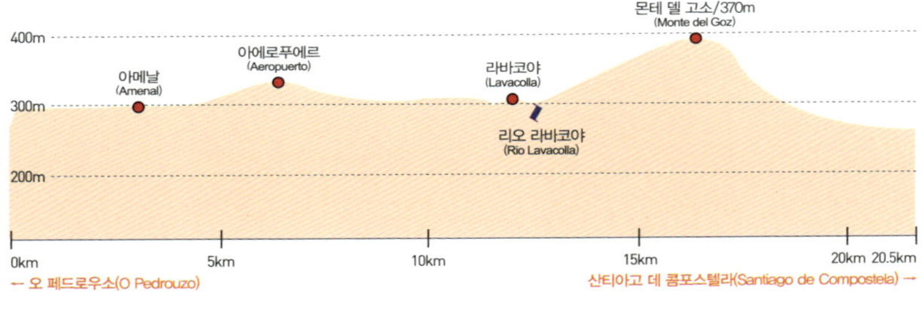

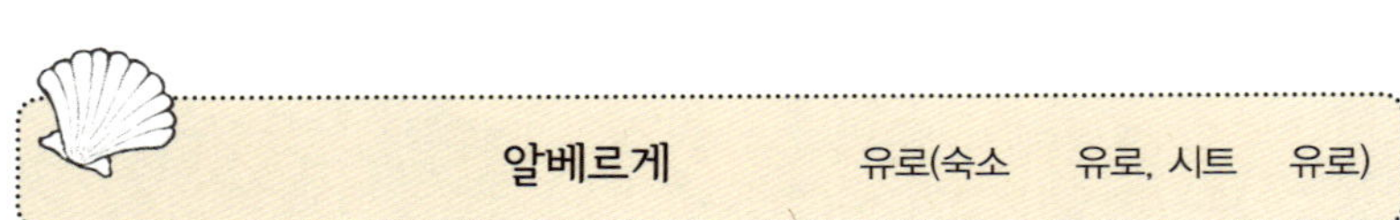

Fecha

도장 찍기

Fecha

스페인어

[기본표현]

Hola. [올라] ⋯▸ 안녕하세요?
Buenos días. [부에노스 디아스] ⋯▸ 안녕하세요? (아침 인사)
Buenas tardes. [부에노스 따르세스] ⋯▸ 안녕하세요? (오후 인사)
Buenas noches. [부에노스 노체스] ⋯▸ 안녕하세요? (저녁 인사)
Gracias. [그라시아스] ⋯▸ 감사합니다.
Está bien. [에스타 비엔] ⋯▸ 괜찮습니다.
Bien, gracias. [비엔 그라시아스] ⋯▸ 네, 잘 지냅니다.
Cómo? [꼬모] ⋯▸ 다시 한 번 말씀해 주세요.
Por supuesto. [뽀르 수푸에스토] ⋯▸ 물론입니다.
Entiendo. [엔띠엔도] ⋯▸ 알겠습니다.

buen viaje [부엔 비아헤]
⋯▸ 좋은 여행 되세요. (공항에서 작별할 때 얘기하면 좋아요)
buenas noches [부에나스 노체스] ⋯▸ 좋은 밤 되세요.
adios [아디오스] ⋯▸ 안녕히 가세요 / 안녕히 계세요 / 안녕 (헤어질 때)
A dónde quiere ir usted? [아 돈데 끼에레 이르 우스뗏]
⋯▸ 어디 가고 싶으신가요?
Qué deseas comer? [께 데세아스 꼬메르] ⋯▸ 무엇을 드시고 싶으신가요?
Qué tal la comida? [깨 딸 라 꼬미다] ⋯▸ 음식이 어떤가요?
Qué tal el dormitorio? [깨 딸 엘 도르미또리오] ⋯▸ 침실은 어떤가요?
Qué tal Corea? [깨 딸 꼬레아] ⋯▸ 한국은 어떤가요?

[지시 대명사]

allá [알랴] ⋯▸ (방향) 저기 (손으로 가르키며 말하면 듣는 사람도 쉽겠죠?ㅎㅎ)
aquí [아끼] ⋯▸ (방향) 여기
este [에스때] ⋯▸ (사물) 이것
aquel [아깰] ⋯▸ (사물) 저것

ven aquí [벤 아끼] ⋯▸ 이리로 오세요.

[장소]

baño [바뇨] ⋯➤ 화장실
dormitorio [도르미또리오] ⋯➤ 방(침실)
restaurante [레스따우란떼] ⋯➤ 레스토랑
recepción [레셉시온] ⋯➤ 리셉션

[형용사]

frío [후리오] ⋯➤ 춥다
caliente [깔리엔떼] ⋯➤ 뜨겁다 (덥다 아닙니다)
picante [삐깐떼] ⋯➤ 맵다
lindo [린도] ⋯➤ 멋있다
bueno [부에노] ⋯➤ 좋다/착하다
alto [알또] ⋯➤ 높다, (키가)크다

[일상 대화]

De dónde es? 어디에서 오셨습니까?
Aquí tiene. 여기 있습니다.
Cuál es el propósito de su viaje? 여행의 목적이 무엇입니까?
Cómo está? 요즘 어떻게 지내세요?
Un momento, por favor. 잠시만 기다려 주세요.
Me llamo James Dean. 저는 제임스 딘입니다.
Es culpa mía. 제 잘못입니다.
Hace un poquito de frío. 좀 추워요.
Vale. 좋아요.
Tenga un buen día! 좋은 하루 보내세요.
Lo siento. 죄송합니다.
Mucho gusto! 처음 뵙겠습니다.
De nada. 천만에요.
Necesito ir al aseo. 화장실 다녀올게요.
Dónde esta el aseo? 화장실이 어디에 있죠?

[숫자]

uno 하나	**nueve** 아홉	**diecisiete** 열일곱
dos 둘	**diez** 열	**dieciocho** 열여덟
tres 셋	**once** 열하나	**diecinueve** 열아홉
cuatro 넷	**doce** 열둘	**veinte** 스물
cinco 다섯	**trece** 열셋	**cincuenta** 오십
seis 여섯	**catorce** 열넷	**cien** 백
siete 일곱	**quince** 열다섯	**mil** 천
ocho 여덟	**dieciséis** 열여섯	**un millón** 백만

[카페 / 레스토랑]

La cuenta, por favor. 계산서 주세요.

Una mesa para no fumadores, por favor? 금연석으로 주세요.

Una servilleta, por favor. 냅킨 좀 주세요.

Para cuántas personas? 몇 분이 오셨어요?

Un vaso de agua, por favor. 물 한 잔 주세요.

Sólo azúcar, por favor. 설탕만 넣어 주세요.

Un protector gástrico, por favor. 소화제 좀 주세요.

Carne de vaca, por favor. 쇠고기 요리로 주세요.

Se me ha caído una cuchara. 수저를 떨어뜨렸습니다.

Para tomar aquí o para llevar? 여기서 드시겠어요? 포장해 가시겠어요?

Cuál es la especialidad del día? 오늘의 특선메뉴는 뭐죠?

No quiero nada de comer. 음식은 필요 없습니다.

Me temo que este filete está demasiado hecho.
이 스테이크는 너무 익힌 것 같아요.

Está libre este asiento? 이 자리는 비어 있나요?

A qué se debe este coste adicional? 이 추가 요금은 무엇입니까?

Invita la casa. 이것은 서비스로 제공하는 것입니다.

Qué hay para cenar? 저녁 식사는 무엇인가요?

Yo invito. 제가 계산할게요.

Qué va a pedir? 주문 하시겠어요?
Podría cambiar mi pedido? 주문을 변경해도 될까요?
Me gustaría sentarme junto a la ventana. 창가 자리로 주세요.
Me da un café. 커피로 주세요.
Quería un chuletón. 티본 스테이크로 주세요.
Otro tenedor, por favor. 포크 하나 새로 가져다 주세요.

[교통]

Quiero irme lo antes posible. 가능한 한 빨리 떠나고 싶습니다.
Dónde está la boca de metro más cercana? 가장 가까운 지하철역은 어디입니까?
Deme uno para el que salga más temprano. 가장 빨리 출발하는 표를 주세요.
Al aeropuerto, por favor. 공항으로 가주세요.
Un billete para el express, por favor. 급행표로 주세요.
Cuál es la siguiente estación? 다음 역은 어디입니까?
Gire a la izquierda en el segundo semáforo. 두 번째 신호등에서 좌회전 하세요.
A qué hora sale el último autobús del día? 버스 막차 시간이 몇 시죠?
Dónde está la parada del autobús? 버스 타는 곳이 어디에 있습니까?
Con qué frecuencia sale el autobús? 버스가 얼마나 자주 출발하나요?
Dónde puedo hacer transbordo? 어디에서 환승할 수 있나요?

Déjeme aquí. 여기서 내려 주세요.
Pare aquí, por favor. 여기에 세워 주세요.
Un billete de ida y vuelta, por favor. 왕복표 한 장 주세요.
Dónde se paga el billete? 요금은 어디에서 냅니까?
Cuánto cuesta? 요금이 얼마입니까?
Hay algún autobús por aquí que vaya hasta el centro?
이 근처에 시내로 가는 버스가 있나요?
Hay alguna gasolinera cerca de aquí? 이 근처에 주유소 있어요?
Este tren va a Madrid? 이 기차가 마드리드행인가요?
Puedo cambiar de asiento? 자리를 바꿔도 될까요?
Puede quedarse con el cambio. 잔돈은 가지세요.
A qué hora salimos? 저희는 언제 출발하나요?
Dónde está la parada de taxis? 택시 타는 곳이 어디인가요?

조대현

스페인에 현재 거주하면서 스페인을 직접 체험하면서 글을 쓰고 있다. 63개국, 298개 도시 이상을 여행하면서 강의와 여행 컨설팅, 잡지 등의 칼럼을 쓰고 있다. KBC 토크 콘서트 화통, MBC TV 특강 2회 출연(새로운 나를 찾아가는 여행, 자녀와 함께 하는 여행)과 꽃보다 청춘 아이슬란드에 아이슬란드 링로드가 나오면서 인기를 얻었고, 다양한 여행 강의로 인기를 높이고 있으며 "해시태그" 여행시리즈를 집필하고 있다. 저서로 블라디보스토크, 크로아티아, 모로코, 베트남, 푸꾸옥, 아이슬란드, 가고시마, 몰타, 오스트리아, 스페인 등이 출간되었고 북유럽, 독일, 이탈리아 등이 발간될 예정이다.

폴라 http://naver.me/xPEdID2t

곧바로 떠나는 산티아고 순례길

인쇄 I 2023년 5월 26일
발행 I 2023년 6월 21일

글 I 조대현
사진 I 조대현, 파울로 카르도네 Paolo Cardone (이탈리아 사진작가)
펴낸곳 I 해시태그출판사
편집 · 교정 I 박수미
디자인 I 서희정

주소 I 서울시 강서구 허준로 175
이메일 I mlove9@naver.com

979-11-93069-10-3(03920)

※ 일러두기 : 본 도서의 지명은 현지인의 발음에 의거하여 표기하였습니다.